CONTES CHOISIS

DES FRÈRES GRIMM

PARIS. — IMPRIMERIE DE CH. LAHURE ET Cie
Rues de Fleurus, 9, et de l'Ouest, 21

CONTES CHOISIS

DES FRÈRES GRIMM

TRADUITS DE L'ALLEMAND

PAR FRÉDÉRIC BAUDRY

ET ILLUSTRÉS DE 40 VIGNETTES

PAR BERTALL

PARIS

LIBRAIRIE DE L. HACHETTE ET Cie

RUE PIERRE-SARRAZIN, N° 14

1859

PRÉFACE DU TRADUCTEUR.

Tout le monde sait que Charles Perrault n'a pas inventé les contes qui portent son nom, et qu'il n'a fait que les rédiger à sa manière. Les sujets qu'il a traités se transmettaient oralement de génération en génération, depuis le moyen âge. Ce qu'il avait fait pour la France à la fin du XVIIe siècle, les frères Grimm, ces Ducange de l'Allemagne, l'ont fait pour leur pays au commencement du XIXe. Ils ont recueilli avec soin tous les contes, les légendes, les facéties, les apologues que la tradition avait conservés dans les campagnes allemandes. Mais Perrault, qui ne se proposait d'autre but que d'amuser ses petits-enfants, s'était permis sur le fond légendaire des broderies galantes, conformes au goût de son temps, et inspirées par l'influence de l'Astrée. Les frères Grimm, qui voulaient faire une œuvre sérieuse d'érudition, ont traité leurs récits avec plus de discrétion et de respect. Autant que possible ils ont écrit purement et simplement ce qu'ils avaient entendu, sans rien modifier, sauf pour mettre, comme on dit, les choses sur leurs pieds, et en poussant le scrupule jusqu'à conserver le patois dans lequel chaque histoire leur était racontée.

Tel est en effet l'état où l'archéologie est parvenue de nos jours : heureusement descendue dans des régions où elle n'avait jamais pénétré au XVIIe siècle, elle étudie le passé dans ses moindres détails; dialectes, légendes, traditions locales, chansons, elle ne dédaigne rien, car tous ces matériaux ont leur valeur pour la construction de l'édifice historique. Les contes populaires tiennent dans ce genre de recherches une place importante à plus d'un égard. Déjà plusieurs d'entre eux ont une origine certaine, et on y peut constater les modifications que l'imagination de la foule a fait subir aux faits : témoin ce sire de Retz, terreur de la Bretagne au XVe siècle, dont la légende a fait la *Barbe-Bleue* ; témoin encore l'*Ogre* du Petit-Poucet, souvenir du nom même des Hongrois, dont les invasions épouvantèrent l'Occident.

Mais si cet intérêt historique se rencontre rarement, et si la plupart de ces contes ne sont que des produits de l'imagination pure, à ce point de vue encore il n'est pas moins curieux de les étudier, comme des monuments de l'état des esprits parmi les générations et dans les pays qui leur ont donné naissance. La langue populaire y a conservé tout son charme et toute

III

sa naïveté. Dumarsais, qui allait chercher ses tropes à la halle, en eût trouvé de plus poétiques encore, s'il les avait poursuivis jusque dans les récits légendaires des campagnes.

La faculté de bien conter les légendes est un don qui n'appartient pas précisément aux plus spirituels, mais aux plus impressionnables et aux mieux doués du côté de la mémoire. C'est ordinairement chez des femmes de campagne que cette aptitude se développe le mieux. Dans leur préface, les frères Grimm en décrivent un type remarquable :

« Nous avons eu le bonheur de connaître, au village de Niederzwehrn près Cassel, une paysanne à laquelle nous devons les plus beaux contes de notre second volume. C'était la femme d'un petit éleveur de bestiaux : elle était pleine encore de vigueur et n'avait guère plus de cinquante ans. Ses traits avaient quelque chose de net et d'arrêté, avec une expression agréable et intelligente ; ses grands yeux étaient clairs et perçants. Elle gardait parfaitement dans sa mémoire toutes les anciennes légendes, en avouant que cette faculté n'était pas donnée à tout le monde et que beaucoup de gens ne pouvaient pas les retenir. Elle les racontait posément, sans hésitation, avec une animation extraordinaire; on voyait qu'elle y prenait un plaisir extrême; quand on le lui demandait, elle répétait ses récits assez lentement pour qu'on pût les recueillir sous sa dictée. Plusieurs de nos contes ont été conservés ainsi mot pour mot. Ceux qui croient que les traditions se perdent vite, et que la négligence qu'on met à les transmettre empêche qu'elles ne puissent jamais avoir une longue durée, auraient été bien détrompés s'ils avaient entendu notre conteuse, tant elle restait toujours dans les mêmes termes et veillait avec soin à leur exactitude ; jamais, en répétant un conte, elle n'y changeait rien, et, si elle s'était permis une variante, elle se reprenait aussitôt pour la corriger. Les hommes qui vivent toute leur vie de la même façon tiennent bien plus à la tradition que nous ne pouvons nous l'imaginer, nous qui changeons sans cesse. »

Si les frères Grimm, en composant cette collection, ont eu surtout l'érudition en vue, ils n'en ont pas moins réussi à faire un livre charmant, qui n'amuse pas seulement les petits enfants de leur pays. En effet, la littérature légendaire (il y a bien peu de temps qu'on s'en doute) a des mérites tout particuliers. Entièrement spontanée et naïve, elle ne contient aucune de ces prétentions personnelles, de ces exhibitions du moi artistique, de ces digressions philosophiques qui sont le fléau de la littérature de nos jours, et qui ont trouvé moyen de se glisser jusque dans les contes pour l'enfance.

De plus, tandis que les actualités offrent toujours, par la force des choses, un mélange de bon et de mauvais où le mauvais l'emporte souvent, dans les légendes le choix est tout fait. La tradition a agi comme un crible, se délivrant de ce qui était insignifiant, et conservant seulement ce qui la frappait, ce qui éveillait à un titre quelconque l'attention de ces auditoires, dont le goût n'est pas bien épuré, il est vrai, mais aussi qui n'ont pas de complaisance. Elle a fait plus encore : elle a corrigé, poli, perfectionné ce qui était bon, jusqu'à ce qu'elle l'ait fait parvenir à un état aussi précis et aussi formulé que possible. Ceux qui examineront à fond, comme nous l'avons fait, les originaux de ces contes, seront étonnés de la perfection littéraire de leur composition. Tout y est habilement calculé et prévu; les incidents sont amenés de longue main par des circonstances bien choisies; le surnaturel même est, pour ainsi dire, introduit naturellement. On retrouve partout les caractères spéciaux de la poésie populaire, la symétrie, les antithèses, les répétitions dues parfois au calcul, souvent à une heureuse négligence; quelquefois même des indications et des nuances d'une grande délicatesse; partout enfin cette attention appliquée qui est l'esprit, comme on a dit que la patience est le génie. Par là cet art naïf des conteurs anonymes se rapproche de l'art raffiné des plus grands maîtres.

Le mouvement dramatique n'est pas moins remarquable : quoi de plus parfait à cet égard que *le Pêcheur et sa femme*? Presque toujours la narration marche au plus vite et sans s'arrêter en chemin;

quelquefois elle s'amuse sur un détail en apparence inutile et insignifiant ; mais c'est ce détail qui donne au reste un cachet de réalité. L'invention pure a toujours quelque chose de vague ; la vérité observée peut seule arriver à la précision.

Les personnages ordinaires de ces contes sont les animaux parlants, et, parmi les hommes, le Tailleur loustic, le Forgeron envieux et brutal, le Géant crédule, le Nain fantasque, la Méchante sorcière, la Petite fille pieuse, etc. Les bons sentiments triomphent toujours, et l'espièglerie est le seul genre de méchanceté qui reste impuni. On y trouve un amour profond de la famille, et une autre vertu, malheureusement plus commune en Allemagne qu'en France, la douceur envers les animaux. Le génie allemand se révèle aussi dans le sentiment intime de la nature et des beautés de la campagne, qui sont souvent décrites en quelques mots avec un rare bonheur.

Toutes ces qualités, que nous détaillons avec la complaisance d'un traducteur, ne toucheraient peut-être pas beaucoup les plus jeunes d'entre nos lecteurs. Il en est une à laquelle ils seront plus sensibles qu'au pur mérite littéraire : ces récits sont toujours divertissants, pleins de gaieté, de bonhomie, de cette *humour* naïve qui est particulière aux Allemands.

Nous sommes loin d'avoir traduit tous les contes recueillis par le zèle infatigable des frères Grimm : nous avons fait un choix parmi les plus amusants au point de vue de l'enfance, et aussi parmi ceux qui ressemblaient le moins aux contes de fées qui circulent chez nous. Nous avons cru devoir introduire une sorte de classification, mettant d'un côté ceux qui offrent une leçon, ou au moins une impression morale bien déterminée, et aussi quelques petites légendes où se révèle un vif sentiment religieux; et de l'autre les contes fantastiques ou facétieux qui n'ont d'autre but que d'amuser.

Tous ces récits ont été traduits aussi littéralement que possible, sauf deux petites légendes pieuses, *Dieu nourrit les malheureux*, et *le Festin céleste*, dont les éditeurs ont adouci le dénoûment, parce qu'ils craignaient l'effet par trop lugubre des originaux sur l'imagination des enfants auxquels ce petit livre est destiné.

CONTES MORAUX

LES PRÉSENTS DES GNOMES.

Un tailleur et un forgeron voyageaient ensemble. Un soir, comme le soleil venait de se coucher derrière les montagnes, ils entendirent de loin le bruit d'une musique qui devenait plus claire à mesure qu'ils approchaient. C'était un son extraordinaire, mais si charmant qu'ils oublièrent toute leur fatigue pour se diriger à grands pas de ce côté. La lune était déjà levée, quand ils arrivèrent à une colline sur laquelle ils virent une foule de petits hommes et de petites femmes qui dansaient en rond d'un air joyeux, en se tenant par la main ; ils chantaient en même temps d'une façon ravissante, et c'était cette musique que les voyageurs avaient entendue. Au milieu se tenait un vieillard un peu plus grand que les autres, vêtu d'une robe de couleurs bariolées, et portant une barbe blanche qui lui descendait sur la poitrine. Les deux compagnons restaient immobiles d'étonnement en regardant la danse. Le vieillard leur fit signe d'entrer, et les petits danseurs ouvrirent leur cercle. Le forgeron entra sans hésiter : il avait le dos un peu rond, et il était hardi comme tous les bossus. Le tailleur eut d'abord un peu de peur et se tint en arrière ; mais, quand il vit que tout se passait si gaiement, il prit courage et entra aussi. Aussitôt le cercle se referma et les petits êtres se remirent à chanter et à danser en faisant des bonds prodigieux ; mais le vieillard saisit un grand couteau qui était pendu à sa ceinture, se mit à le repasser, et, quand il l'eut assez affilé, se tourna du côté des étrangers. Ils étaient glacés d'effroi ; mais leur anxiété ne fut pas longue : le vieillard s'empara du forgeron, et en un tour de main il lui eut rasé entièrement les cheveux et la barbe ; puis il en fit autant au tailleur. Quand il eut fini, il leur frappa amicalement sur l'épaule, comme pour leur dire qu'ils avaient bien fait de se laisser raser sans résistance, et leur peur se dissipa. Alors il leur montra du doigt un tas de charbons qui étaient tout près de là, et leur fit signe d'en remplir leurs poches. Tous deux obéirent sans savoir à quoi ces charbons leur serviraient, et ils continuèrent leur route afin de chercher un gîte pour la nuit. Comme ils arrivaient dans la vallée, la cloche d'un monastère voisin sonna minuit : à l'instant même le chant s'éteignit, tout disparut, et ils ne virent plus que la colline déserte éclairée par la lune.

Les deux voyageurs trouvèrent une auberge et se couchèrent sur la paille tout habillés, mais la fatigue leur fit oublier de se débarrasser de leurs charbons. Un fardeau inaccoutumé qui pesait sur eux les réveilla plus tôt qu'à l'ordinaire. Ils portèrent la main à leurs poches, et ils n'en voulaient pas croire leurs yeux quand ils virent qu'elles étaient pleines, non pas de charbons, mais de lingots d'or pur. Leur barbe et leurs cheveux avaient aussi repoussé merveilleusement. Désormais ils étaient riches ; seulement le forgeron qui, par suite de sa nature avide, avait mieux rempli ses poches, possédait le double de ce qu'avait le tailleur.

Mais un homme cupide veut toujours avoir plus que ce qu'il a. Le forgeron proposa au tailleur d'attendre encore un jour et de retourner le soir près du vieillard pour gagner de nouveaux trésors. Le tailleur refusa, disant : « J'en ai assez et je suis content ; je veux seulement devenir maître en mon métier et épouser mon charmant objet (il appelait ainsi sa promise) ; et je serai un homme heureux. » Cependant, pour faire plaisir à l'autre, il consentit à rester un jour encore.

Le soir, le forgeron prit deux sacs sur ses épaules pour emporter bonne charge, et il se mit en route vers la colline. Comme la nuit précédente il trouva les petites gens chantant et dansant, le vieillard le rasa et lui fit signe de prendre des charbons. Il n'hésita pas à emplir ses poches et ses sacs, tant qu'il y en put entrer, s'en retourna joyeux à l'auberge et se coucha tout habillé. « Quand mon or commencera à peser, se dit-il, je le sentirai bien ; » et il s'endormit enfin dans la douce espérance de s'éveiller le lendemain matin riche comme un Crésus.

Dès qu'il eut les yeux ouverts, son premier soin fut de visiter ses poches ; mais il eut beau fouiller dedans, il n'y trouva que des charbons tout noirs. « Au moins, pensait-il, il me reste l'or que j'ai gagné l'autre nuit. » Il y alla voir ; hélas ! cet or aussi était redevenu charbon. Il porta à son front sa main noircie, et il sentit que sa tête était chauve et rase ainsi que son menton. Pourtant il ne connaissait pas encore tout son malheur : il vit bientôt qu'à la bosse qu'il portait par derrière s'en était jointe une autre par devant.

Il sentit alors qu'il recevait le châtiment de sa cupidité et se mit à pousser des gémissements. Le bon tailleur, éveillé par ses lamentations, le consola de son mieux et lui dit : « Nous sommes compagnons, nous avons fait notre tournée ensemble ; reste avec moi, mon trésor nous nourrira tous deux. »

Il tint parole, mais le forgeron fut obligé de porter toute sa vie ses deux bosses et de cacher sous un bonnet sa tête dépouillée de cheveux.

BLANCHENEIGE ET ROUGEROSE.

Une pauvre veuve vivait dans une chaumière isolée ; dans le jardin qui était devant la porte, il y avait deux rosiers, dont l'un portait des roses blanches et l'autre des roses rouges. La veuve avait deux filles qui ressemblaient aux deux rosiers ; l'une se nommait Blancheneige et l'autre Rougerose. C'étaient les deux enfants les plus pieux, les plus obéissants et les plus laborieux que le monde eût jamais vus ; mais Blancheneige était d'un caractère plus tranquille et plus doux. Rougerose courait plus volontiers dans les prés et dans les champs, à la recherche des fleurs et des papillons. Blancheneige restait à la maison avec sa mère, l'aidait aux travaux du ménage, et lui faisait la lecture quand l'ouvrage était fini. Les deux sœurs s'aimaient tant, qu'elles se tenaient par la main toutes les fois qu'elles sortaient ensemble ; et quand Blancheneige disait : « Nous ne nous quitterons jamais, » Rougerose répondait : « Tant que nous vivrons ; » et la mère ajoutait : « Tout devra être commun entre vous deux. » Elles allaient souvent seules au bois pour cueillir des fruits sauvages; les animaux les respectaient et s'approchaient d'elles sans crainte. Le lièvre mangeait dans leur main, le chevreuil paissait à leurs côtés, le cerf folâtrait devant elles, et les oiseaux perchés sur les branches voisines chantaient leurs plus jolies chansons. Jamais il ne leur arrivait rien de fâcheux : si la nuit les surprenait dans le bois, elles se couchaient sur la mousse l'une près de l'autre et dormaient jusqu'au lendemain, sans que leur mère eût aucune inquiétude.

Une fois qu'elles avaient passé la nuit dans le bois, quand l'aurore les réveilla, elles virent près d'elles un bel enfant vêtu d'une robe d'un blanc éclatant ; il attachait sur elles un regard amical, mais il disparut dans le bois sans dire un mot. Elles s'aperçurent alors qu'elles s'étaient couchées tout près d'un précipice, et qu'elles seraient tombées si elles avaient fait seulement deux pas de plus dans les ténèbres : leur mère leur dit que cet enfant était sans doute l'ange gardien des bonnes petites filles.

Blancheneige et Rougerose tenaient la cabane de leur mère si propre qu'on aurait pu se mirer dedans. En été, Rougerose avait soin du ménage, et chaque matin sa mère trouvait à son réveil un bouquet dans lequel il y avait une fleur de chacun des deux rosiers. En hiver, Blancheneige allumait le feu et accrochait la marmite à la crémaillère, et la marmite était en cuivre jaune qui brillait comme de l'or, tant elle était bien écurée. Le soir, quand la neige tombait, la mère disait : « Blancheneige, va mettre le verrou ; » ensuite elles s'asseyaient au coin du feu ; la mère mettait ses lunettes et faisait la lecture dans un grand livre ; et les deux petites écoutaient tout en filant leur quenouille ; auprès d'elles était couché un petit agneau, et derrière, une tourterelle dormait sur son perchoir, la tête sous l'aile.

Un soir qu'elles étaient réunies tranquillement, on frappa à la porte. « Rougerose, dit la mère, va vite ouvrir ; c'est sans doute quelque voyageur égaré qui cherche un abri pour la nuit. »

Rougerose alla tirer le verrou, et elle s'attendait à voir entrer un pauvre homme, quand un ours passa sa grosse tête noire par la porte entr'ouverte. Rougerose s'enfuit en poussant des cris ; l'agneau se mit à bêler, la colombe à voler par toute la chambre, et Blancheneige courut se cacher derrière le lit de sa mère. Mais l'ours leur dit : « Ne craignez rien ; je ne vous ferai pas de mal ; je vous demande seulement la permission de me chauffer un peu, car je suis à moitié gelé.

— Approche-toi du feu, pauvre ours, répondit la mère ; prend garde seulement de brûler ta fourrure. »

ne mettait pas le verrou à la porte avant qu'il fût arrivé.

Quand le printemps fut de retour et que tout fut vert au dehors, l'ours dit un matin à Blancheneige : « Je m'en vais et je ne reviendrai pas de l'été.

— Où vas-tu donc, cher ours? demanda Blancheneige.

— Je vais dans le bois ; il faut que je garde mes trésors contre les méchants nains. L'hiver, quand la terre est gelée, ils sont forcés de rester dans leurs trous sans pouvoir se frayer un passage ; mais, à présent que le soleil a réchauffé la terre, ils vont sortir pour aller à la maraude. Ce qu'ils ont pris et caché dans leurs trous ne revient pas aisément à la lumière ! »

Blancheneige était toute triste du départ de l'ours; quand elle lui ouvrit la porte, il s'écorcha un peu en passant contre le loquet ; elle crut avoir vu briller de l'or sous sa peau, mais elle n'en était pas bien sûre. L'ours partit au plus vite, et disparut bientôt derrière les arbres.

Quelque temps après, la mère ayant envoyé ses filles ramasser du bois mort dans la forêt, elles virent un grand arbre abattu, et quelque chose qui s'agitait çà et là dans l'herbe près du tronc, sans qu'on pût bien distinguer ce que c'était. En approchant, elles reconnurent que c'était un petit nain au visage vieux et ridé, avec une barbe blanche

Puis elle appela : « Blancheneige, Rougerose, revenez ; l'ours ne vous fera pas de mal, il n'a que de bonnes intentions. »

Elles revinrent toutes deux, et peu à peu l'agneau et la tourterelle s'approchèrent aussi et oublièrent leur frayeur.

L'ours dit : « Enfants, secouez un peu la neige qui est sur mon dos ! »

Elles prirent le balai et lui nettoyèrent toute la peau ; puis il s'étendit devant le feu en faisant des grognements d'aise et de satisfaction. Elles ne tardèrent pas à se rassurer tout à fait et même à jouer avec cet hôte inattendu. Elles lui tiraient le poil ; elles lui montaient sur le dos, le roulaient dans la chambre, lui donnaient de petits coups de baguette, et, quand il grognait, elles éclataient de rire. L'ours se laissait faire ; seulement, quand le jeu allait trop loin, il leur disait : « Laissez-moi vivre ; ne tuez pas votre prétendu. »

Quand on alla se coucher, la mère lui dit: « Reste là, passe la nuit devant le feu ; au moins tu seras à l'abri du froid et du mauvais temps. »

Dès l'aurore, les petites filles lui ouvrirent la porte, et il s'en alla dans le bois en trottant sur la neige. A partir de ce jour, il revint chaque soir à la même heure ; il s'étendait devant le feu et les enfants jouaient avec lui tant qu'elles voulaient. On était tellement accoutumé à sa présence qu'on longue d'une aune. La barbe était prise dans une fente de l'arbre et le nain sautillait comme un jeune chien après une ficelle, sans pouvoir la dégager. Il fixa des yeux ardents sur les deux petites et leur cria : « Que faites-vous là plantées, plutôt que de venir à mon secours ?

— Pauvre petit homme, demanda Rougerose, comment t'es-tu ainsi pris au piége ?

— Sotte curieuse, répliqua le nain, je voulais fendre cet arbre, afin d'avoir du petit bois en éclats pour ma cuisine ; car nos plats sont mignons et les grosses bûches les brûleraient ; nous ne nous crevons pas de mangeaille comme votre engeance grossière et goulue. J'avais donc déjà introduit mon coin dans le bois, mais ce maudit coin était trop glissant ; il a sauté au moment où je m'y attendais le moins, et le tronc s'est refermé si vite que je n'ai pas eu le temps de retirer ma belle barbe blanche ; maintenant elle est prise et je ne peux plus la ravoir. Les voilà qui se mettent à rire, les niaises figures de crème ! Fi, que vous êtes laides ! »

Les enfants eurent beau se donner du mal, elles ne purent dégager la barbe, qui tenait comme dans un étau. « Je cours chercher du monde, dit Rougerose.

— Appeler du monde ! s'écria le nain de sa voix rauque ; vous êtes déjà trop de vous deux, imbéciles bourriques !

— Un peu de patience, dit Blancheneige, nous allons vous tirer d'affaire. »

Et sortant de sa poche ses petits ciseaux, elle coupa le bout de la barbe. Dès que le nain fut libre,

il alla prendre un sac plein d'or qui était caché dans les racines de l'arbre, en murmurant : Grossières créatures que ces enfants ! couper un bout de ma barbe magnifique ! Que le diable vous récompense. » Puis il mit le sac sur son dos, et s'en alla sans seulement les regarder.

A quelques mois de là, les deux sœurs allèrent un jour pêcher un plat de poisson. En approchant de la rivière, elles aperçurent une espèce de grosse sauterelle, qui sautait au bord de l'eau comme si elle avait voulu s'y jeter. Elles accoururent et reconnurent le nain. « Qu'as-tu donc? dit Rouge-rose; est-ce que tu veux te jeter à l'eau?

— Pas si bête, s'écria le nain; ne voyez-vous pas que c'est ce maudit poisson qui veut m'entraîner? »

Il avait jeté sa ligne; mais malheureusement le vent avait mêlé sa barbe avec le fil; et quelques instants après, quand un gros poisson vint mordre à l'appât, les forces de la faible créature ne suffirent pas à le tirer de l'eau; le poisson avait le dessus et attirait à lui le nain. Il avait beau se retenir aux joncs et aux herbes de la rive, le poisson l'entraînait et il était en danger de tomber à l'eau. Les petites arrivèrent à temps pour le retenir, et elles essayèrent de dégager sa barbe, mais ce fut en vain, tant elle était mêlée avec le fil. Il fallut encore avoir recours aux ciseaux et en couper un tout petit bout. Dès que le nain s'en aperçut, il s'écria avec colère : « Est-ce votre habitude, sottes brutes, de défigurer ainsi les gens? Ce n'est pas assez de m'avoir écourté la barbe une première fois, il faut aujourd'hui que vous m'en coupiez la moitié : je n'oserai plus me montrer à mes frères. Puissiez-vous courir sans souliers et vous écorcher les pieds ! » Et prenant un sac de perles qui était caché dans les roseaux, il le traîna après lui, sans ajouter un seul mot, et disparut aussitôt derrière une pierre.

Peu de temps après, la mère envoya ses filles à la ville pour acheter du fil, des aiguilles et des rubans. Il leur fallait passer par une lande parsemée de gros rochers. Elles aperçurent un grand oiseau qui planait en l'air, et qui, après avoir longtemps tourné au-dessus de leurs têtes tout en descendant peu à peu, finit par fondre brusquement sur le sol. En même temps on entendait des cris perçants et lamentables. Elles accoururent et virent avec effroi un aigle qui tenait dans ses serres leur vieille connaissance le nain, et qui cherchait à l'enlever. Les petites filles, dans la bonté de leur cœur, retinrent le nain de toutes leurs forces et se débattirent si bien contre l'aigle qu'il finit par lâcher sa proie. Mais quand le nain fut un peu remis de sa frayeur il leur cria de sa voix glapissante : « Ne pouviez-vous pas vous y prendre un peu moins rudement ? Vous avez si bien tiré sur ma pauvre robe qu'elle est maintenant en lambeaux, petites rustres maladroites que vous êtes ! » Puis il prit son sac plein de pierres précieuses et se glissa dans son trou au milieu des rochers. Les petites étaient accoutumées à son ingratitude : elles se remirent en chemin et allèrent faire leurs emplettes à la ville.

En repassant par la lande à leur retour, elles surprirent le nain qui avait vidé devant lui son sac de pierres précieuses, ne songeant pas que personne dût passer par là si tard. Le soleil couchant éclairait les pierreries, qui lançaient des feux si merveilleux que les petites s'arrêtèrent immobiles à les considérer. « Pourquoi restez-vous là à bayer aux corneilles ? » leur dit-il ; et son visage ordinairement gris était rouge de colère.

Il allait continuer ses injures, quand on entendit un grognement terrible, et un ours noir sortit du bois. Le nain plein d'effroi voulait fuir, mais il n'eut pas le temps de regagner sa cachette : l'ours lui barra le chemin. Alors il le supplia avec un accent désespéré : « Cher seigneur ours, épargnez-moi et je vous donnerai tous mes trésors, tous ces joyaux que vous voyez devant vous. Accordez-moi la vie : que gagneriez-vous à tuer un misérable nain comme moi? Vous ne me sentiriez pas sous vos dents. Prenez plutôt ces deux maudites petites filles ; ce sont deux bons morceaux, gras comme des cailles ; croquez-les, au nom de Dieu. » Mais l'ours, sans l'écouter, donna à cette méchante créature un seul coup de patte qui l'étendit roide mort.

Les petites s'étaient sauvées ; mais l'ours leur

cria : « Blancheneige, Rougerose, n'ayez pas peur; attendez-moi. »

Elles reconnurent sa voix et s'arrêtèrent, et, quand il fut près d'elles, sa peau d'ours tomba tout à coup et elles virent un beau jeune homme, tout revêtu d'habits dorés. « Je suis prince, leur dit-il; cet infâme nain m'avait changé en ours, après m'avoir volé mes trésors; il m'avait condamné à courir les bois sous cette forme, et je ne pouvais être délivré que par sa mort. Maintenant il a reçu le prix de sa méchanceté. »

Blancheneige épousa le prince et Rougerose épousa son frère; ils partagèrent entre eux les grands trésors que le nain avait amassés dans son trou. La vieille mère vécut encore de longues années, tranquille et heureuse près de ses enfants. Elle prit les deux rosiers et les plaça sur sa fenêtre : ils portaient chaque été les plus belles roses, blanches et rouges.

LA REINE DES ABEILLES.

Il y avait une fois deux fils de roi qui s'en allèrent chercher les aventures et se jetèrent dans les dérèglements et la dissipation, si bien qu'ils ne revinrent pas à la maison paternelle. Leur frère cadet, qu'on appelait le petit nigaud, se mit à leur recherche ; mais, quand il les eut retrouvés, ils se moquèrent de lui, qui, dans sa simplicité, prétendait se diriger dans un monde où ils s'étaient perdus tous deux, eux qui avaient bien plus d'esprit que lui.

S'étant mis ensemble en chemin, ils rencontrèrent une fourmilière. Les deux aînés voulaient la bouleverser pour s'amuser de l'anxiété des petites fourmis, et les voir courir de tous côtés en emportant leurs œufs ; mais le petit nigaud leur dit : « Laissez en paix ces animaux, je ne souffrirai pas qu'on les trouble. »

Plus loin ils trouvèrent un lac sur lequel nageaient je ne sais combien de canards. Les deux aînés en voulaient prendre une couple pour les

faire rôtir ; mais le jeune s'y opposa en disant :
« Laissez en paix ces animaux ; je ne souffrirai pas
qu'on les tue. »

Plus loin encore ils aperçurent dans un arbre
un nid d'abeilles, si plein de miel qu'il en coulait
tout le long du tronc. Les deux aînés voulaient
faire du feu sous l'arbre pour enfumer les abeilles
et s'emparer du miel. Mais le petit nigaud les retint et leur dit : « Laissez ces animaux en paix ; je
ne souffrirai pas que vous les brûliez. »

Enfin les trois frères arrivèrent dans un château
dont les écuries étaient pleines de chevaux changés
en pierres ; on n'y voyait personne. Ils traversèrent
toutes les salles et parvinrent à la fin devant une
porte fermée par trois serrures. Au milieu de la
porte il y avait un petit guichet par lequel on apercevait un appartement. Ils y virent un petit homme
à cheveux gris, assis devant une table. Ils l'appelèrent une fois, deux fois, sans qu'il parût entendre ; à la troisième il se leva, ouvrit la porte et
sortit au-devant d'eux ; puis, sans prononcer
une parole, il les conduisit à une table richement servie, et, quand ils eurent bu et mangé,
il les mena chacun dans une chambre à coucher
séparée.

Le lendemain matin, le petit vieillard vint à
l'aîné des frères, et lui faisant signe de le suivre, il
le conduisit devant une table de pierre, sur la-

quelle étaient écrites trois épreuves dont il fallait venir à bout pour désenchanter le château. La première était de chercher dans la mousse, au milieu

des bois, les mille perles de la princesse, qu'on y avait semées; et, si le chercheur ne les avait pas trouvées toutes avant le coucher du soleil, sans qu'il en manquât une seule, il serait changé en pierre. L'aîné passa tout le jour à chercher les perles; mais, quand arriva le soir, il n'en avait pas trouvé plus de cent, et fut changé en pierre, comme il était écrit sur la table. Le lendemain, le second frère entreprit l'aventure; mais il ne réussit pas mieux que son aîné : il ne trouva que deux cents perles et fut changé en pierre.

Enfin vint le tour du petit nigaud. Il chercha les perles dans la mousse. Mais comme c'était bien difficile et bien long, il s'assit sur une pierre et se mit à pleurer. Il en était là, quand le roi des fourmis, auquel il avait sauvé la vie, arriva avec cinq mille de ses sujets, et il ne fallut qu'un instant à ces petits animaux pour trouver toutes les perles et les réunir en un seul tas.

La seconde épreuve consistait à repêcher la clef de la chambre à coucher de la princesse, qui était au fond du lac. Quand le jeune homme approcha, les canards qu'il avait sauvés vinrent à sa rencontre, plongèrent au fond de l'eau et en rapportèrent la clef.

Mais la troisième épreuve était la plus difficile : il fallait reconnaître la plus jeune et la plus aimable d'entre les trois princesses endormies. Elles se ressemblaient parfaitement, et la seule chose qui les distinguât était qu'avant de s'endormir l'aînée avait mangé un morceau de sucre, tandis que la seconde avait bu une gorgée de sirop, et que la troisième avait pris une cuillerée de miel. Mais la reine des abeilles que le jeune homme avait sauvées du feu vint à son secours ; elle alla flairer la bouche des trois princesses, et resta posée sur les lèvres de celle qui avait mangé du miel : le prince la reconnut ainsi. Alors, l'enchantement étant détruit, le château fut tiré de son sommeil magique, et tous ceux qui étaient changés en pierres reprirent la forme humaine. Le prétendu nigaud épousa la plus jeune et la plus aimable des princesses, et il fut roi après la mort de son père. Quant à ses deux frères, ils épousèrent les deux autres sœurs.

LE VIEUX GRAND-PÈRE ET LE PETIT-FILS.

Il était une fois un pauvre homme bien vieux, qui avait les yeux troubles, l'oreille dure et les genoux tremblants. Quand il était à table, il pouvait à peine tenir sa cuillère; il répandait de la soupe sur la nappe, et quelquefois même en laissait échapper de sa bouche. La femme de son fils et son fils lui-même en avaient pris un grand dégoût, et à la fin ils le reléguèrent dans un coin derrière le poêle, où ils lui donnaient à manger une chétive pitance dans une vieille écuelle de terre. Le vieillard avait souvent les larmes aux yeux et regardait tristement du côté de la table. Un jour, l'écuelle, que tenaient mal ses mains tremblantes, tomba à terre et se brisa. La jeune femme s'emporta en reproches : il n'osa rien répondre et baissa la tête en soupirant. On lui acheta pour deux liards une écuelle de bois dans laquelle désormais on lui donnait à manger.

Quelques jours après, son fils et sa belle-fille virent leur enfant, qui avait quatre ans, occupé à assembler par terre de petites planchettes. « Que fais-tu là ? lui demanda son père

— C'est un auget, répondit-il, pour donner à manger à papa et à maman quand ils seront vieux. »

Le mari et la femme se regardèrent un instant sans rien dire, puis ils se mirent à pleurer, reprirent le vieux grand-père à table, et désormais le firent toujours manger avec eux, sans plus jamais le rudoyer.

LE FIDÈLE JEAN.

Il était une fois un vieux roi qui tomba malade. Sentant qu'il allait mourir, il fit appeler le fidèle Jean ; c'était son plus cher serviteur, et on le nommait ainsi parce que toute sa vie il avait été fidèle à son maître. Quand il fut venu, le roi lui dit : « Mon fidèle Jean, je sens que ma fin s'approche, je n'ai de souci qu'en songeant à mon fils ; il est encore bien jeune, il ne saura pas toujours se diriger ; je ne mourrai tranquille que si tu me promets de veiller sur lui, de l'instruire de tout ce qu'il doit savoir, et d'être pour lui un second père.

— Je vous promets, répondit Jean, de ne pas l'abandonner ; je le servirai fidèlement, dût-il m'en coûter la vie.

— Je peux donc mourir en paix, dit le vieux roi. Après ma mort, tu lui feras voir tout le palais, toutes les chambres, les salles, les souterrains avec les richesses qui y sont renfermées ; seulement tu ne le laisseras pas entrer dans la dernière chambre de la grande galerie, où se trouve le portrait de la princesse du Dôme d'or. Car, s'il voit ce tableau, il ressentira pour elle un amour irrésistible qui lui fera courir les plus grands dangers. Tâche de l'en préserver. »

Le fidèle Jean réitéra ses promesses, et le vieux roi tranquillisé posa sa tête sur l'oreiller et expira.

Quand on eut mis le vieux roi au tombeau, Jean raconta à son jeune successeur ce qu'il avait promis à son père au lit de mort. « Je le tiendrai, ajouta-t-il, et je vous serai fidèle comme je l'ai été à votre père, dût-il m'en coûter la vie. »

Après que le grand deuil fut passé, Jean dit au roi : « Il est temps que vous connaissiez votre héritage. Je vais vous faire voir le palais de votre père. »

Il le conduisit partout, du haut en bas, et lui fit voir toutes les richesses qui remplissaient les splendides appartements, en omettant seulement la chambre où était le dangereux portrait. Il avait été placé de telle sorte que, lorsqu'on ouvrait la porte, on l'apercevait aussitôt, et il était si bien fait qu'il semblait vivre et respirer et que rien au monde n'était si beau ni si aimable. Le jeune roi vit bien que le fidèle Jean passait toujours devant cette porte sans l'ouvrir, et il lui demanda pourquoi. « C'est, répondit l'autre, parce qu'il y a dans la chambre quelque chose qui vous ferait peur.

— J'ai vu tout le château, dit le roi, je veux savoir ce qu'il y a ici ; » et il voulait ouvrir de force.

Le fidèle Jean le retint encore et lui dit : « J'ai promis à votre père, à son lit de mort, de ne pas vous laisser entrer dans cette chambre ; il en pourrait résulter les plus grands malheurs pour vous et pour moi.

— Le malheur le plus grand, répliqua le roi, c'est que ma curiosité ne soit pas satisfaite. Je n'aurai de repos que lorsque mes yeux auront vu. Je ne sors pas d'ici que tu ne m'aies ouvert. »

Le fidèle Jean, voyant qu'il n'y avait plus moyen de s'y refuser, alla, le cœur bien gros et en soupirant beaucoup, chercher la clef au grand trousseau. Quand la porte fut ouverte, il entra le premier, tâchant de cacher le portrait avec son corps ; tout fut inutile ; le roi, en se dressant sur la pointe des pieds, l'aperçut par-dessus son épaule. Mais en voyant cette image de jeune fille si belle et si brillante d'or et de pierreries, il tomba sans connaissance sur le parquet. Le fidèle Jean le releva et le porta sur son lit, tout en murmurant : « Le malheur est fait; grand Dieu ! qu'allons-nous devenir ? » et il lui fit prendre un peu de vin pour le réconforter.

Le premier mot du roi, quand il revint à lui, fut pour demander quel était ce beau portrait. « C'est celui de la princesse du Dôme d'or, répondit le fidèle Jean.

— Mon amour pour elle est si grand, continua

le roi, que, si toutes les feuilles des arbres étaient des langues, elles ne suffiraient pas à l'exprimer. Ma vie tient désormais à sa possession. Tu m'aideras, toi qui es mon fidèle serviteur. »

Le fidèle Jean réfléchit longtemps à la manière dont il convenait de s'y prendre, car il était difficile même de se présenter devant les yeux de la princesse. Enfin, il imagina un moyen, et dit au roi : « Tout ce qui entoure la princesse est d'or, chaises, plats, tasses, gobelets, meubles de toute espèce. Vous avez cinq tonnes d'or dans votre trésor ; il faut en confier une aux orfévres pour qu'ils vous en fassent des vases et des bijoux d'or de toutes les façons, des oiseaux, des bêtes sauvages, des monstres de mille formes ; tout cela doit plaire à la princesse. Nous nous mettrons en route avec ce bagage et nous tâcherons de réussir. »

Le roi fit venir tous les orfévres du pays, et ils travaillèrent nuit et jour jusqu'à ce que tout fût prêt. Quand on en eut chargé un navire, le fidèle Jean prit des habits de marchand, et le roi en fit autant, pour que personne ne pût le reconnaître. Puis ils mirent à la voile et naviguèrent jusqu'à la ville où demeurait la princesse du Dôme d'or.

Le fidèle Jean débarqua seul et laissa le roi dans le navire. « Peut-être, lui dit-il, ramènerai-je la princesse ; ayez soin que tout soit en ordre, que les vases d'or soient exposés et que le navire soit paré et en fête. » La-dessus il remplit sa ceinture de plusieurs petits bijoux d'or, et se rendit directement au palais du roi.

Il vit en entrant dans la cour une jeune fille qui puisait de l'eau à une fontaine avec deux seaux d'or. Comme elle se retournait pour s'en aller, elle aperçut l'étranger et lui demanda qui il était. « Je suis marchand, répondit-il; » et ouvrant sa ceinture, il lui fit voir ses marchandises.

« Que de belles choses! » s'écria-t-elle; et, posant ses seaux à terre, elle se mit à considérer tous les bijoux les uns après les autres. « Il faut, dit-elle, que la princesse voie tout cela; elle vous l'achètera, elle qui aime tant les objets d'or. » Et, le prenant par la main, elle le fit monter dans le palais, car c'était une femme de chambre.

La princesse fut ravie de voir les bijoux, et elle dit : « Tout cela est si bien travaillé que je te l'achète. »

Mais le fidèle Jean répondit : « Je ne suis que le serviteur d'un riche marchand; tout ce que vous voyez ici n'est rien auprès de ce que mon maître a dans son navire; vous y verrez les ouvrages d'or les plus beaux et les plus précieux. »

Elle voulait se les faire apporter, mais il dit : « Il y en a trop, il faudrait trop de temps et trop de place; votre palais n'y suffirait pas. »

Sa curiosité n'en était que plus excitée, et enfin

elle s'écria : « Eh bien! conduis-moi à ce navire, je veux aller moi-même voir les trésors de ton maître.

Le fidèle Jean la mena tout joyeux au navire, et le roi en la voyant la trouva encore plus belle que son portrait; le cœur lui en bondissait de joie. Quand elle fut montée à bord, le roi lui offrit la main ; pendant ce temps-là, le fidèle Jean, qui était resté derrière, ordonna au capitaine de lever l'ancre à l'instant et de fuir à toutes voiles. Le roi était descendu avec elle dans la chambre et lui montrait une à une toutes les pièces de la vaisselle d'or, les plats, les coupes et les oiseaux, les bêtes sauvages et les monstres. Plusieurs heures se passèrent ainsi, et, pendant qu'elle était occupée à tout examiner, elle ne s'apercevait pas que le navire marchait. Quand elle eut fini, elle remercia le prétendu marchand et se disposa à retourner dans son palais ; mais, arrivée sur le pont, elle s'aperçut qu'elle était en pleine mer, bien loin de la terre, et que le navire cinglait à pleines voiles. « Je suis trahie, s'écria-t-elle dans son effroi ; on m'emmène. Être tombée au pouvoir d'un marchand ! j'aimerais mieux mourir. »

Mais le roi lui dit en lui prenant la main : « Je ne suis pas marchand ; je suis roi, et d'une aussi bonne famille que la vôtre. Si je vous ai enlevée par ruse, ne l'attribuez qu'à la violence de mon amour. Il est si fort que, quand j'ai vu votre portrait pour la première fois, j'en suis tombé sans connaissance à la renverse. »

Ces paroles consolèrent la princesse ; son cœur en fut touché et elle consentit à épouser le roi.

Pendant qu'ils naviguaient en pleine mer, le fidèle Jean, étant assis un jour à l'avant du navire, aperçut dans l'air trois corneilles qui vinrent se poser devant lui. Il prêta l'oreille à ce qu'elles se disaient entre elles, car il comprenait leur langage. « Eh bien ! disait la première, il emmène la princesse du Dôme d'or !

— Oui, répondit la seconde, mais il ne la tient pas encore.

— Comment ? dit la troisième ; elle est assise près de lui.

— Qu'importe ? reprit la première ; quand ils débarqueront, on présentera au roi un cheval roux ; il voudra le monter ; mais, s'il le fait, le cheval s'élancera dans les airs avec lui, et on n'aura plus jamais de leurs nouvelles.

— Mais, dit la seconde, n'y a-t-il donc aucune ressource ?

— Il y en a une, dit la première ; il faut qu'une autre personne s'élance sur le cheval et que, saisissant dans les fontes un pistolet, elle le tue roide. On préserverait ainsi le roi. Mais qui peut savoir cela ? Et encore celui qui le saurait et le dirait serait changé en pierre depuis les pieds jusqu'aux genoux. »

La seconde corneille dit à son tour : « Je sais quelque chose de plus encore ; en supposant que le cheval soit tué, le jeune roi ne possédera pas encore sa fiancée. Quand ils entreront ensemble dans le palais, on lui présentera sur un plat une magnifique chemise de noces, qui semblera tissue d'or et d'argent; mais elle n'est réellement que poix et soufre : si le roi la met, elle le brûlera jusqu'à la moelle des os.

— N'y a-t-il donc aucune ressource? dit la troisième ?

— Il y en a une, répondit la seconde; il faut qu'une personne munie de gants saisisse la chemise et la jette au feu. La chemise brûlée, le roi sera sauvé. Mais à quoi sert cela ? Celui qui le saurait et le dirait se verrait changé en pierre depuis les genoux jusqu'au cœur. »

La troisième corneille ajouta : « Je sais quelque chose de plus encore; en supposant la chemise brûlée, le jeune roi ne possédera pas encore sa femme. S'il y a un bal de noces et que la jeune reine y danse, elle s'évanouira tout d'un coup et tombera comme morte; et elle le sera réellement si quelqu'un ne la relève pas aussitôt et ne lui suce pas sur l'épaule droite trois gouttes de sang qu'il crachera immédiatement. Mais celui qui saurait cela et qui le dirait serait changé en pierre de la tête aux pieds. »

Après cette conversation, les corneilles reprirent leur vol. Le fidèle Jean, qui avait tout entendu, resta depuis ce temps triste et silencieux. Se taire, c'était le malheur du roi; mais parler, c'était sa propre perte. Enfin il se dit à lui-même : « Je sauverai mon maître, dût-il m'en coûter la vie. »

Au débarquement, tout se passa comme la corneille l'avait prédit. Un magnifique cheval roux fu présenté au roi. « Bien, dit-il, je vais le monter jusqu'au palais. » Et il allait l'enfourcher, quand le fidèle Jean, passant devant lui, s'élança dessus, tira le pistolet des fontes et étendit le cheval roide mort.

Les autres serviteurs du roi, qui n'aimaient guère le fidèle Jean, s'écrièrent qu'il fallait être fou pour tuer un si bel animal, que le roi allait monter. Mais le roi leur dit : « Taisez-vous, laissez-le faire; c'est mon fidèle, il a sans doute ses raisons pour agir ainsi. »

Ils arrivèrent au palais, et, dans la première salle, la chemise de noces était posée sur un plat; il semblait qu'elle fût d'or et d'argent. Le prince allait y toucher, mais le fidèle Jean le repoussa, et, la saisissant avec des gants, il la jeta au feu qui la consuma à l'instant même. Les autres serviteurs se remirent à murmurer : « Voyez, disaient-ils, le voilà qui brûle la chemise de noces du roi. »

Mais le jeune roi répéta encore : « Il a sans doute ses raisons. Laissez-le faire; c'est mon fidèle. »

On célébra les noces. Il y eut un grand bal et la mariée commença à danser. Dès ce moment le fidèle Jean ne la perdit pas des yeux. Tout à coup il lui prit une faiblesse et elle tomba comme une morte à la renverse. Se jetant sur elle aussitôt, il la releva et la porta dans sa chambre, et là, l'ayant couchée sur son lit, il se pencha sur elle et lui suça à l'épaule droite trois gouttes de sang qu'il cracha. A l'instant même elle respira et reprit connaissance; mais le jeune roi, qui avait tout vu et qui ne comprenait rien à la conduite de Jean, finit par s'en courroucer et le fit jeter en prison.

Le lendemain, le fidèle Jean fut condamné à mort et conduit à la potence. Étant déjà monté à l'échelle, il dit : « Tout homme qui va mourir peut parler avant sa fin ; en aurai-je le droit ?

— Je te l'accorde, dit le roi.

— Eh bien ! on m'a condamné injustement, et je n'ai pas cessé de t'être fidèle. »

Alors il raconta comment il avait entendu sur mer la conversation des corneilles, et comment tout ce qu'il avait fait était nécessaire pour sauver son maître. « O mon fidèle Jean, s'écria le roi, je te fais grâce. Faites-le descendre. » Mais, au dernier mot qu'il avait prononcé, le fidèle Jean était tombé sans vie : il était changé en pierre.

Le roi et la reine en eurent un grand chagrin : « Hélas ! disait le roi, tant de dévouement a été bien mal récompensé. » Il fit porter la statue de pierre dans sa chambre à coucher, près de son lit.

Chaque fois qu'il la voyait, il répétait en pleurant : « Hélas! mon fidèle Jean, que ne puis-je te rendre la vie! »

Au bout de quelque temps, la reine mit au monde deux fils jumeaux qu'elle éleva heureusement et qui furent la joie de leurs parents. Un jour que la reine était à l'église, et que les deux enfants jouaient dans la chambre avec leur père, ses yeux tombèrent sur la statue, et il ne put s'empêcher de répéter encore en soupirant : « Hélas! mon fidèle Jean, que ne puis-je te rendre la vie! »

Mais la statue, prenant la parole, lui dit : « Tu le peux, si tu veux y consacrer ce que tu as de plus cher.

— Tout ce que je possède au monde, s'écria le roi, je le sacrifierais pour toi.

— Eh bien! dit la statue, pour que je recouvre l'existence, il faut que tu coupes la tête à tes deux fils, et que tu me frottes tout entier avec leur sang. »

Le roi pâlit en entendant cette horrible condition; mais, songeant au dévouement de ce fidèle serviteur qui avait donné sa vie pour lui, il tira son épée, et, de sa propre main, il abattit la tête de ses enfants et frotta la pierre avec leur sang. A l'instant même la statue se ranima, et le fidèle Jean apparut frais et dispos devant lui. Mais il dit au roi : « Ton dévouement pour moi aura sa récompense. » Et, prenant les têtes des enfants, il les replaça sur leurs épaules et frotta les blessures avec leur sang : au même moment ils revinrent à la vie, et se remirent à sauter et à jouer, comme si rien n'était arrivé.

Le roi était plein de joie. Quand il entendit revenir la reine, il fit cacher Jean et les enfants dans une grande armoire. Lorsqu'elle entra, il lui demanda : « As-tu prié à l'église ?

— Oui, répondit-elle, et j'ai constamment pensé au fidèle Jean, si malheureux à cause de nous.

— Chère femme, dit-il, nous pouvons lui rendre la vie, mais il nous en coûtera celle de nos deux fils. »

La reine pâlit et son cœur se serra ; cependant elle répondit : « Nous lui devons ce sacrifice à cause de son dévouement. »

Le roi, charmé de voir qu'elle avait pensé comme lui, alla ouvrir l'armoire et fit sortir le fidèle Jean et les deux enfants : « Dieu soit loué, ajouta-t-il, il est délivré, et nous avons nos fils. » Et il raconta à la reine tout ce qui s'était passé. Et ils vécurent tous heureux ensemble jusqu'à la fin.

LES DEUX COMPAGNONS EN TOURNÉE.

Les montagnes ne se rencontrent pas, mais les hommes se rencontrent, et souvent les bons avec les mauvais. Un cordonnier et un tailleur se trouvèrent en face dans leur tour de pays. Le tailleur était un joli petit homme toujours gai et de bonne humeur. Il vit venir de son côté le cordonnier, et, reconnaissant son métier au paquet qu'il portait, il se mit à chanter une petite chanson moqueuse :

> Perce un point subtil ;
> Tire fort ton fil,
> Poisse-le bien dans sa longueur,
> Chasse tes clous avec vigueur.

Mais le cordonnier, qui n'entendait pas la plaisanterie, prit un air comme s'il avait bu du vinaigre ; on aurait cru qu'il allait sauter à la gorge du tailleur. Heureusement le petit homme lui dit en riant et en lui présentant sa gourde : « Allons, c'était pour rire ; bois un coup et ravale ta bile. »

Le cordonnier but un grand trait, et l'air de son visage parut revenir un peu au beau. Il rendit la gourde au tailleur en lui disant : « J'y ai fait honneur. C'est pour la soif présente et pour la soif à venir. Voulez-vous que nous voyagions ensemble ?

— Volontiers, dit le tailleur, pourvu que nous allions dans quelque grande ville où l'ouvrage ne manque pas.

— C'est aussi mon intention, dit le cordonnier ; dans les petits endroits il n'y a rien à faire ; les gens y vont nu-pieds. »

Et ils firent route ensemble, à pied, comme les chiens du roi.

Tous deux avaient plus de temps à perdre que d'argent à dépenser. Dans chaque ville où ils entraient, ils visitaient les maîtres de leurs métiers ; et, comme le petit tailleur était joli et de bonne humeur avec de gentilles joues roses, on lui donnait volontiers de l'ouvrage ; souvent même, sous la porte, la fille du patron lui laissait prendre un baiser par-dessus le marché. Quand il se retrouvait avec son compagnon, sa bourse était toujours la mieux garnie. Alors, le cordonnier, toujours grognon, allongeait encore sa mine en grommelant : « Il n'y a de chance que pour les coquins. » Mais le tailleur ne faisait qu'en rire, et il partageait tout ce qu'il avait avec son camarade. Dès qu'il sentait sonner deux sous dans sa poche, il faisait servir du meilleur, et les gestes de sa joie faisaient sauter les verres sur la table; c'était, chez lui, lestement gagné, lestement dépensé.

Après avoir voyagé pendant quelque temps, ils arrivèrent à une grande forêt par laquelle passait le chemin de la capitale du royaume. Il fallait choisir entre deux sentiers, l'un offrant une longueur de sept jours, l'autre de deux jours de marche; mais ils ne savaient ni l'un ni l'autre quel était le plus court. Ils s'assirent sous un chêne et tinrent conseil sur le parti à prendre et sur la quantité de pain qu'il convenait d'emporter. Le cordonnier dit: « On doit toujours pousser la précaution aussi loin que possible; je prendrai du pain pour sept jours.

— Quoi! dit le tailleur, traîner sur son dos du pain pour sept jours comme une bête de somme! A la grâce de Dieu; je ne m'en embarrasse pas. L'argent que j'ai dans ma poche vaut autant en été qu'en hiver, mais en temps chaud le pain se dessèche et moisit. Mon habit ne va pas plus bas que la cheville, je ne prends pas tant de précautions. Et d'ailleurs pourquoi ne tomberions-nous pas sur le bon chemin? Deux jours de pain, c'est bien assez. »

Chacun d'eux fit sa provision, et ils se mirent en route au petit bonheur.

Tout était calme et tranquille dans la forêt comme dans une église. On n'entendait ni le souffle du vent, ni le murmure des ruisseaux, ni le chant des oiseaux, et l'épaisseur du feuillage arrêtait les rayons du soleil. Le cordonnier ne disait mot, courbé sous sa charge de pain, qui faisait couler la sueur sur son noir et sombre visage. Le tailleur au contraire était de la plus belle humeur, il courait de tous côtés, sifflant, chantant quelques petites chansons, et il disait : « Dieu, dans son paradis, doit être heureux de me voir si gai. »

Les deux premiers jours se passèrent ainsi; mais le troisième, comme ils ne voyaient pas le bout de leur route, le tailleur, qui avait consommé tout son pain, sentit sa gaieté s'évanouir; cependant, sans perdre courage, il se remit à sa bonne chance et à la grâce de Dieu. Le soir, il se coucha sous un arbre avec la faim, et il se releva le lendemain sans qu'elle fût apaisée. Il en fut de même le quatrième jour, et pendant que le cordonnier dînait, assis sur un tronc d'arbre abattu, le pauvre tailleur n'avait d'autre ressource que de le regarder faire. Il lui demanda une bouchée de pain; mais l'autre lui répondit en ricanant : « Toi qui étais toujours si gai, il est bon que tu connaisses un peu le malheur. Les oiseaux qui chantent trop matin, le soir l'épervier les croque. » Bref, il fut sans pitié.

Le matin du cinquième jour, le pauvre tailleur n'avait plus la force de se lever. A peine si, dans son épuisement, il pouvait prononcer une parole; il avait les joues pâles et les yeux rouges. Le cordonnier lui dit : « Tu auras un morceau de pain, mais à condition que je te crèverai l'œil droit. »

Le malheureux, obligé d'accepter cet affreux marché pour conserver sa vie, pleura des deux yeux pour la dernière fois, et s'offrit à son bourreau, qui lui perça l'œil droit avec la pointe d'un couteau. Le tailleur se rappela alors ce que sa mère avait coutume de lui dire dans son enfance, quand elle le fouettait pour l'avoir surpris dérobant quelque friandise : « Il faut manger tant qu'on peut, mais aussi souffrir ce qu'on ne saurait empêcher. »

Quand il eut mangé ce pain qui lui coûtait si cher, il se remit sur ses jambes et se consola de son malheur en pensant qu'il y verrait encore assez avec un œil. Mais le sixième jour la faim revint, et le cœur lui défaillit tout à fait. Il tomba le soir au pied d'un arbre et, le lendemain matin, la faiblesse l'empêcha de se lever. Il sentait la mort venir. Le cordonnier lui dit : « Je veux avoir pitié de toi et te donner encore un morceau de pain ; mais pour cela je te crèverai l'œil qui te reste. »

Le pauvre petit homme songea alors à sa légèreté qui était cause de tout cela ; il en demanda pardon à Dieu et dit : « Fais ce que tu voudras, je souffrirai ce qu'il faudra. Mais songe que, si Dieu ne punit pas toujours sur l'heure, il viendra cependant un instant où tu seras payé du mal que tu me fais sans que je l'aie mérité. Dans mes jours heureux, j'ai partagé avec toi ce que j'avais. Pour mon métier les yeux sont nécessaires. Quand je n'en aurai plus et que je ne pourrai plus coudre, il faudra donc que je demande l'aumône. Au moins, lorsque je serai aveugle, ne me laisse pas seul ici, car j'y mourrais de faim. »

Le cordonnier, qui avait chassé Dieu de son cœur, prit son couteau et lui creva l'œil gauche. Puis il lui donna un morceau de pain et, lui tendant le bout d'un bâton il le mena derrière lui.

Au coucher du soleil, ils arrivèrent à la lisière de la forêt, et devant un gibet. Le cordonnier conduisit son compagnon aveugle jusqu'au pied des potences, et, l'abandonnant là, il continua sa route tout seul. Le malheureux s'endormit accablé de fatigue, de douleur et de faim, et passa toute la nuit dans un profond sommeil. A la pointe du jour il s'éveilla, sans savoir où il était. Il y avait deux pauvres pécheurs pendus au gibet, avec des corbeaux sur leurs têtes. Le premier pendu se mit à dire :

« Frère dors-tu ?

— Je suis éveillé, répondit l'autre.

— Sais-tu, reprit le premier, que la rosée qui est tombée cette nuit du gibet sur nous, rendrait la vue aux aveugles qui s'en baigneraient les yeux ? S'ils le savaient, plus d'un recouvrerait la vue, qui croit l'avoir perdue pour jamais. »

Le tailleur, entendant cela, prit son mouchoir,

le frotta sur l'herbe jusqu'à ce qu'il fût mouillé par la rosée, et en humecta les cavités vides de ses yeux. Aussitôt ce que le pendu avait prédit se réalisa, et les orbites se remplirent de deux yeux vifs

et clairvoyants. Le tailleur ne tarda pas à voir le soleil se lever derrière les montagnes. Dans la plaine devant lui se dressait la grande capitale avec ses portes magnifiques et ses cent clochers surmontés de croix étincelantes. Il pouvait désormais compter les feuilles des arbres, suivre le vol des oiseaux et les danses des mouches. Il tira une aiguille de sa poche et essaya de l'enfiler; en voyant qu'il y réussissait parfaitement, son cœur sauta de joie. Il se jeta à genoux pour remercier Dieu de sa miséricorde et faire sa prière du matin, sans oublier ces pauvres pêcheurs pendus au gibet et ballottés par le vent comme des battants de cloche. Ses chagrins étaient loin de lui. Il reprit son paquet sur son dos et se remit en route en chantant et en sifflant.

Le premier être qu'il rencontra fût un poulain bai brun qui paissait en liberté dans une prairie. Il le saisit aux crins, et il allait monter dessus pour se rendre à la ville. Mais le poulain le pria de le laisser : « Je suis encore trop jeune, ajouta-t-il ; tu as beau n'être qu'un petit tailleur léger comme une plume, tu me romprais les reins ; laisse-moi courir jusqu'à ce que je sois plus fort. Un temps viendra peut-être où je pourrai t'en récompenser.

— Va donc, répondit le tailleur ; aussi bien je vois que tu n'es qu'un petit sauteur. »

Et il lui donna un petit coup de houssine sur le dos ; le poulain se mit à ruer de joie et à se lancer à travers champs en sautant par-dessus les haies et les fossés.

Cependant le tailleur n'avait pas mangé depuis la veille. « Mes yeux, se disait-il, ont bien retrouvé le soleil, mais mon estomac n'a pas retrouvé de pain. La première chose à peu près mangeable que je rencontrerai y passera. »

En même temps il vit une cigogne qui s'avançait gravement dans la prairie. « Arrête, lui cria-t-il en la saisissant par une patte ; j'ignore si tu es bonne à manger, mais la faim ne me laisse pas le choix ; je vais te couper la tête et te faire rôtir.

— Garde t'en bien, dit la cigogne ; je suis un oiseau sacré, utile aux hommes, et personne ne me fait jamais de mal. Laisse-moi la vie, je te revaudrai cela peut-être une autre fois.

— Eh bien donc, dit le tailleur, sauve-toi, commère aux longs pieds. »

La cigogne prit son vol et s'éleva tranquillement dans les airs en laissant pendre ses pattes.

« Qu'est-ce que tout cela va devenir ? se dit-il ; ma faim augmente et mon estomac se creuse ; cette fois, le premier être qui me tombe sous la main est perdu. »

A l'instant même il vit deux petits canards qui nageaient sur un étang. « Ils viennent bien à propos, » pensa-t-il ; et en saisissant un, il allait lui tordre le cou.

Mais une vieille cane, qui était cachée dans les roseaux, courut à lui le bec ouvert, et le pria en pleurant d'épargner ses petits. « Pense, lui dit-elle, à la douleur de ta mère, si on te donnait le coup de la mort.

— Sois tranquille, répondit le bon petit homme, je n'y toucherai pas. » Et il remit sur l'eau le canard qu'il avait pris.

En se retournant, il vit un grand arbre à moitié creux, autour duquel volaient des abeilles sauvages. « Me voilà récompensé de ma bonne action, se dit-il, je vais me régaler de miel. » Mais la reine des abeilles, sortant de l'arbre, lui déclara que, s'il touchait à son peuple et à son nid, il se sentirait à l'instant percé de mille piqûres ; que si au contraire il les laissait en repos, les abeilles pourraient lui rendre service plus tard.

Le tailleur vit bien qu'il n'y avait encore rien à faire de ce côté-là. « Trois plats vides, et rien dans le quatrième, se disait-il, cela fait un triste dîner. »

Il se traîna, exténué de faim, jusqu'à la ville ; mais, comme il y entra à midi sonnant, la cuisine était toute prête dans les auberges et il n'eut qu'à se mettre à table. Quand il eut fini, il parcourut la ville pour chercher de l'ouvrage, et il en eut bientôt trouvé à de bonnes conditions. Comme il savait son métier à fond, il ne tarda pas à se faire connaître, et chacun voulait avoir son habit neuf de la façon du petit tailleur. Sa renommée croissait chaque jour. Enfin, le roi le nomma tailleur de la cour.

Mais voyez comme on se retrouve dans le monde ! Le même jour, son ancien camarade le cordonnier avait été nommé cordonnier de la cour. Quand il aperçut le tailleur avec deux bons yeux, sa conscience se troubla. « Avant qu'il ne cherche à se venger de moi, se dit-il, il faut que je lui tende quelque piége. »

Mais souvent on tend des piéges à autrui pour s'y prendre soi-même. Le soir, après son travail, il alla secrètement chez le roi et lui dit : « Sire, le tailleur est un homme orgueilleux, qui s'est vanté de retrouver la couronne d'or que vous avez perdue depuis si longtemps.

— J'en serais fort aise, » dit le roi ; et le lendemain il fit comparaître le tailleur devant lui, et lui ordonna de rapporter la couronne, ou de quitter la ville pour toujours.

« Oh ! se dit le tailleur, il n'y a que les fripons qui promettent ce qu'ils ne peuvent tenir. Puisque ce roi a l'entêtement d'exiger de moi plus qu'un homme ne peut faire, je n'attendrai pas jusqu'à demain et je vais décamper dès aujourd'hui. »

Il fit son paquet ; mais en sortant des portes il avait du chagrin de tourner le dos à cette ville où tout lui avait réussi. Il passa devant l'étang où il avait fait connaissance avec les canards ; la vieille cane à laquelle il avait laissé ses petits était debout sur le rivage et lissait ses plumes avec son bec. Elle le reconnut tout de suite et lui demanda d'où venait cet air de tristesse. « Tu n'en seras pas étonnée quand tu sauras ce qui m'est arrivé, » répondit le tailleur ; et il lui raconta son affaire.

« N'est-ce que cela? dit la cane ; nous pouvons te venir en aide. La couronne est tombée justement au fond de cet étang. En un instant nous l'aurons rapportée sur le bord. Étends ton mouchoir pour la recevoir. »

Elle plongea dans l'eau avec ses douze petits et, au bout de cinq minutes, elle était de retour et nageait au milieu de la couronne qu'elle soutenait avec ses ailes, tandis que les jeunes, rangés tout autour, aidaient à la porter avec leur bec. Ils arrivèrent au bord et déposèrent la couronne sur le mouchoir. Vous ne sauriez croire combien elle était belle ; elle étincelait au soleil comme un million d'escarboucles. Le tailleur l'enveloppa dans son mouchoir et la porta au roi, qui, dans sa joie, lui passa une chaîne d'or autour du cou.

Quand le cordonnier vit que le coup était manqué, il songea à un autre expédient, et alla dire au roi : « Sire, le tailleur est retombé dans son orgueil ; il se vante de pouvoir reproduire en cire tout votre palais avec tout ce qu'il contient, le dedans et le dehors, les meubles et le reste. »

Le roi fit venir le tailleur et lui ordonna de reproduire en cire tout son palais avec tout ce qu'il contenait, le dedans et le dehors, les meubles et le reste, l'avertissant que, s'il n'en venait pas à bout et s'il oubliait seulement un clou à un mur, on l'enverrait finir ses jours dans un cachot souterrain.

Le pauvre tailleur se dit : « Voilà qui va de mal en pis ; on me demande l'impossible ; » il fit son paquet et quitta la ville.

Quand il fut arrivé au pied de l'arbre creux, il s'assit en baissant la tête. Les abeilles volaient autour de lui ; la reine lui demanda, en lui voyant la tête si basse, s'il n'avait pas le torticolis. « Non, dit-il, ce n'est pas là que le mal me tient ; » et il lui raconta ce que le roi lui avait demandé.

Les abeilles se mirent à bourdonner entre elles, et la reine lui dit : « Retourne chez toi, et reviens demain à la même heure avec une grande serviette ; tout ira bien. »

Il rentra chez lui, mais les abeilles volèrent au palais et entrèrent par les fenêtres ouvertes pour fureter partout et examiner toutes choses dans le plus grand détail ; et se hâtant de regagner leur ruche, elles construisirent un palais en cire avec une telle promptitude qu'on aurait pu le voir s'élever à vue d'œil. Dès le soir tout était prêt, et quand le tailleur arriva le lendemain, il trouva le superbe édifice qui l'attendait, blanc comme la neige et exhalant une douce odeur de miel, sans qu'il manquât un clou aux murs ni une tuile au toit. Le tailleur l'enveloppa avec soin dans la serviette et le porta au roi, qui ne pouvait en revenir d'admiration. Il fit placer le chef-d'œuvre dans la grande salle de son palais, et récompensa le tailleur par le don d'une grande maison en pierres de taille.

Le cordonnier ne se tint pas pour battu. Il alla une troisième fois trouver le roi, et lui dit : « Sire, il est revenu aux oreilles du tailleur qu'on avait toujours tenté vainement de creuser un puits dans la cour de votre palais ; il s'est vanté d'y faire jaillir un jet d'eau haut comme un homme et clair comme le cristal. »

Le roi fit venir le tailleur et lui dit : « Si demain il n'y a pas un jet d'eau dans ma cour comme tu t'en es vanté, dans cette même cour mon bourreau te raccourcira la tête. »

L'infortuné tailleur gagna sans plus tarder les portes de la ville, et comme cette fois il s'agissait de sa vie, les larmes lui coulaient le long des joues. Il marchait tristement, quand il fut accosté par le poulain auquel il avait accordé la liberté, et qui était devenu un beau cheval bai brun. « Voici le moment arrivé, lui dit-il, où je peux te montrer ma reconnaissance. Je connais ton embarras, mais je t'en tirerai ; enfourche-moi seulement ; maintenant j'en porterais deux comme toi sans me gêner. »

Le tailleur reprit courage ; il sauta sur le cheval qui galopa aussitôt vers la ville et entra dans la cour du palais. Il y fit trois tours au galop, rapide comme l'éclair, et au troisième il s'arrêta court[1]. Au même instant on entendit un craquement épouvantable ; une motte de terre se détacha et sauta comme une bombe par-dessus le palais, et il jaillit un jet d'eau haut comme un homme à cheval et pur comme le cristal ; les rayons du soleil s'y jouaient en étincelant. Le roi en voyant cela fut au comble de l'étonnement ; il prit le tailleur dans ses bras et l'embrassa devant tout le monde.

Mais le repos du petit homme ne fut pas de longue durée. Le roi avait plusieurs filles, plus belles les unes que les autres, mais pas de fils. Le méchant cordonnier se rendit une quatrième fois près du roi, et lui dit : « Sire, le tailleur n'a rien rabattu de son orgueil. A présent il se vante que, quand il voudra, il vous fera venir un fils du haut des airs. »

Le roi manda le tailleur, et il lui dit que s'il lui procurait un fils dans huit jours, il lui donnerait sa fille aînée en mariage. « La récompense est honnête, se disait le petit tailleur, on peut s'en contenter ; mais les cerises sont trop hautes ; si je monte à l'arbre, la branche cassera et je tomberai par terre. »

Il alla chez lui et s'assit, les jambes croisées, sur son établi, pour réfléchir à ce qu'il devait faire.

---

1. C'est une tradition populaire en Allemagne que les chevaux découvrent les sources cachées. (*Note du traducteur.*)

« C'est impossible, s'écria-t-il enfin, il faut que je m'en aille; il n'y a pas ici de repos pour moi. » Il fit son paquet et se hâta de sortir de la ville.

En passant par la prairie il aperçut sa vieille amie la cigogne, qui se promenait en long et en large comme un philosophe, et qui de temps en temps s'arrêtait pour considérer de tout près quelque grenouille qu'elle finissait par gober. Elle vint au-devant de lui pour lui souhaiter le bonjour. « Eh bien! lui dit-elle, te voilà le sac au dos; tu quittes donc la ville? »

Le tailleur lui raconta l'embarras où le roi l'avait mis, et se plaignait amèrement de son sort. « Ne te fais pas de mal pour si peu de chose, répliqua-t-elle. Je te tirerai d'affaire. J'ai assez apporté de petits enfants[1]; je peux bien, pour une fois, apporter un petit prince. Retourne à ta boutique et tiens-toi tranquille. D'aujourd'hui en neuf jours, sois au palais du roi; je m'y trouverai de mon côté. »

Le petit tailleur revint chez lui, et le jour convenu il se rendit au palais. Un instant après, la cigogne arriva à tire-d'aile et frappa à la fenêtre. Le tailleur lui ouvrit, et la commère aux longs pieds entra avec précaution et s'avança gravement sur le pavé de marbre. Elle tenait à son bec un

---

[1]. Autre tradition allemande qui se raconte aux enfants curieux. Voy. J. Grim, *Deutsche Mythologie*, p. 638. (*Note du traducteur.*)

enfant beau comme un ange, qui tendait ses petites mains à la reine. Elle le lui posa sur les genoux, et la reine se mit à le baiser et à le presser contre son cœur, tant elle était joyeuse.

La cigogne, avant de s'en aller, prit son sac de voyage qui était sur son épaule et le présenta à la reine. Il était garni de cornets pleins de bonbons de toutes les couleurs, qui furent distribués aux petites princesses. L'aînée n'en eut pas, parce qu'elle était trop grande, mais on lui donna pour mari le joli petit tailleur. « C'est, disait-il, comme si j'avais gagné le gros lot à la loterie. Ma mère avait bien raison de dire qu'avec de la foi en Dieu et du bonheur on réussit toujours. »

Le cordonnier fut obligé de faire les souliers qui servirent au tailleur pour son bal de noces, puis on le chassa de la ville en lui défendant d'y jamais rentrer. En prenant le chemin de la forêt il repassa devant le gibet, et, accablé par la chaleur, la colère et la jalousie, il se coucha au pied des potences. Mais, comme il s'endormait, les deux corbeaux qui étaient perchés sur les têtes des pendus se lancèrent sur lui en poussant de grands cris et lui crevèrent les deux yeux. Il courut comme un insensé à travers la forêt, et il doit y être mort de faim, car depuis ce temps-là personne ne l'a vu et n'a eu de ses nouvelles.

LE PÊCHEUR ET SA FEMME.

Il y avait une fois un pêcheur et sa femme, qui habitaient ensemble une cahute[1] au bord de la mer ; le pêcheur allait tous les jours jeter son hameçon, et il le jetait et le jetait encore.

Un jour il était assis près de sa ligne, sur le rivage, le regard tourné du côté de l'eau limpide, et il restait assis, toujours assis ; tout à coup il vit l'hameçon plonger et descendre profondément, et quand il le retira, il tenait au bout une grosse barbue. La barbue lui dit : « Je te prie de me laisser vivre ; je ne suis pas une vraie barbue, je suis un prince enchanté. A quoi te servirait de me faire mourir ? Je ne serais pas pour toi un grand régal ; rejette-moi dans l'eau et laisse-moi nager.

— Vraiment, dit l'homme, tu n'as pas besoin d'en dire si long, je ne demande pas mieux que de laisser nager à son aise une barbue qui sait parler. »

1. Le texte allemand va plus loin, il dit *Pisspott*, littéralement pot de chambre. Nous n'avons pas cru devoir traduire exactement cette expression par trop figurée. (*Note du traducteur.*)

Il la rejeta dans l'eau, et la barbue s'y replongea jusqu'au fond, en laissant après elle une longue traînée de sang.

L'homme alla retrouver sa femme dans la cahute. « Mon homme, lui dit-elle, n'as-tu rien pris aujourd'hui ?

— Non, dit l'homme, j'ai pris une barbue qui m'a dit qu'elle était un prince enchanté, et je l'ai laissée nager comme auparavant.

— N'as-tu rien demandé pour toi ? dit la femme.

— Non, dit l'homme ; et qu'aurais-je demandé ?

— Ah ! dit la femme, c'est pourtant triste d'habiter toujours une cahute sale et infecte comme celle-ci ; tu aurais pu pourtant demander pour nous une petite chaumière. Retourne et appelle la barbue : dis-lui que nous voudrions avoir une petite chaumière ; elle fera cela certainement.

— Ah ! dit l'homme, pourquoi y retournerais-je ?

— Vraiment, dit la femme, tu l'as prise et tu l'as laissée nager comme auparavant, elle le fera ; vas-y sur-le-champ. »

L'homme ne s'en souciait point ; pourtant il se rendit au bord de la mer, et quand il y fut il la vit toute jaune et toute verte ; il s'approcha de l'eau et dit :

  Tarare ondin, Tarare ondin,
  Petit poisson, gentil fretin,
  Mon Isabeau crie et tempête ;
  Il en faut bien faire à sa tête.

La barbue s'avança vers lui et dit : « Que veut-elle donc?

—Ah! dit l'homme, je t'ai prise tout à l'heure : ma femme prétend que j'aurais dû te demander

quelque chose. Elle s'ennuie de demeurer dans une cahute; elle voudrait bien avoir une chaumière.

— Retourne sur tes pas, dit la barbue, elle l'a déjà. »

L'homme s'en retourna, et sa femme n'était plus dans la cahute; mais à la place était une petite chaumière, et sa femme était assise à la porte sur un banc. Elle le prit par la main et lui dit : « Entre donc et regarde; cela vaut pourtant bien mieux. »

Ils entrèrent, et dans la chaumière était une jolie

petite salle, une chambre où était placé leur lit, une cuisine et une salle à manger avec une batterie de cuivre et d'étain très-brillant, et tout l'attirail d'un service complet. Derrière était une petite cour avec des poules et des canards, et un petit jardin avec des légumes et des fruits. « Vois, dit la femme, n'est-ce pas joli ?

— Oui, dit l'homme; restons comme cela, nous allons vivre vraiment heureux.

— Nous y réfléchirons, dit la femme. »

Là-dessus ils mangèrent et se mirent au lit.

Cela alla bien ainsi pendant huit ou quinze jours, puis la femme dit : « Écoute, mon homme, cette chaumière est aussi trop étroite, et la cour et le jardin sont si petits ! La barbue aurait bien pu en vérité nous donner une maison plus grande. J'aimerais à habiter un grand château en pierre : va trouver la barbue, il faut qu'elle nous donne un château.

— Ah ! femme, dit l'homme, cette chaumière est vraiment fort bien ; à quoi nous servirait d'habiter un château ?

— Eh ! dit la femme, va, la barbue peut très-bien le faire.

— Non, femme, dit l'homme, la barbue vient tout justement de nous donner cette chaumière, je ne veux pas retourner vers elle ; je craindrais de l'importuner.

— Vas-y, dit la femme; elle peut le faire, elle le fera volontiers; va, te dis-je. »

L'homme sentait cette démarche lui peser sur le cœur, et ne se souciait point de la faire; il se disait à lui-même : « Cela n'est pas bien. » Pourtant il obéit.

Quand il arriva près de la mer, l'eau était violette et d'un bleu sombre, grisâtre et prête à se soulever; elle n'était plus verte et jaune comme auparavant : pourtant elle n'était point agitée. Le pêcheur s'approcha et dit :

> Tarare ondin, Tarare ondin,
> Petit poisson, gentil fretin,
> Mon Isabeau crie et tempête;
> Il en faut bien faire à sa tête.

« Et que veut-elle donc, dit la barbue?
— Ah! dit l'homme à demi troublé, elle veut habiter un grand château de pierre.
— Va, dit la barbue, tu la trouveras sur la porte. »

L'homme s'en alla, et croyait retrouver son logis; mais, comme il approchait, il vit un grand château de pierre, et sa femme se tenait au haut du perron; elle allait entrer dans l'intérieur. Elle le prit par la main et lui dit : « Entre avec moi. » Il la suivit, et dans le château était un vestibule immense dont les murs étaient plaqués de marbre; il y avait une foule de domestiques qui ouvraient avec fracas les portes devant eux; les murs étaient brillants et couverts de belles tentures; dans les appartements les siéges et les tables étaient en or, des lustres en cristal étaient suspendus aux plafonds; et partout aussi des tapis de pied dans les chambres et les salles ; des mets et des vins recherchés chargeaient les tables à croire qu'elles allaient rompre. Derrière le château était une grande cour renfermant des étables pour les vaches et des écuries pour les chevaux, des carrosses magnifiques; de plus un grand et superbe jardin rempli des plus belles fleurs, d'arbres à fruits; et enfin un parc d'au moins une lieue de long, où l'on voyait des cerfs, des daims, des lièvres, tout ce que l'on peut désirer. « Eh bien! dit la femme, cela n'est-il pas beau?

— Ah! oui, dit l'homme, tenons-nous-en là; nous habiterons ce beau château, et nous vivrons contents.

— Nous y réfléchirons, dit la femme, dormons là-dessus d'abord. » Et nos gens se couchèrent.

Le lendemain la femme s'éveilla comme il faisait grand jour, et de son lit elle vit la belle campagne qui s'offrait devant elle. L'homme étendait les bras en s'éveillant. Elle le poussa du coude et dit : « Mon homme, lève-toi et regarde par la fenêtre ; vois, ne pourrions-nous pas devenir rois de tout ce pays? Va trouver la barbue, nous serons rois.

— Ah! femme, dit l'homme, et pourquoi serions-nous rois? je ne m'en sens nulle envie.

— Bon, dit la femme, si tu ne veux pas être roi, moi je veux être reine. Va trouver la barbue, je veux être reine.

— Ah! femme, dit l'homme, pourquoi veux-tu être reine? Je ne me soucie point de lui dire cela.

— Et pourquoi pas? dit la femme; vas-y à l'instant, il faut que je sois reine. »

L'homme y alla, mais il était tout consterné de ce que sa femme voulait être reine. « Cela n'est pas bien, cela n'est vraiment pas bien, pensait-il. Je ne veux pas y aller. » Il y allait pourtant.

Quand il approcha de la mer, elle était d'un gris sombre, l'eau bouillonnait du fond à la surface et répandait une odeur fétide. Il s'avança et dit :

> Tarare ondin, Tarare ondin,
> Petit poisson, gentil fretin,
> Mon Isabeau crie et tempête;
> Il en faut bien faire à sa tête.

« Et que veut-elle donc, dit la barbue?

— Ah! dit l'homme, elle veut devenir reine.

— Retourne, elle l'est déjà, dit la barbue.

L'homme partit, et, quand il approcha du palais, il vit que le château s'était de beaucoup agrandi et portait une haute tour décorée de magnifiques ornements. Des gardes étaient en sentinelle à la porte, et il y avait là des soldats en foule avec des trompettes et des timbales. Comme il entrait dans l'édifice, il vit de tous côtés le marbre le plus pur enrichi d'or, des tapis de velours et de grands coffres d'or massif. Les portes de la salle s'ouvrirent : toute la cour y était réunie, et sa femme était assise sur un trône élevé, tout d'or et de diamant; elle portait sur la tête une grande couronne d'or, elle tenait dans sa main un sceptre d'or pur garni de pierres précieuses; et à ses côtés étaient placées, sur un double rang, six jeunes filles, plus petites de la tête l'une que l'autre. Il s'avança et dit : « Ah! femme, te voilà donc reine!

— Oui, dit-elle, je suis reine. »

Il se plaça devant elle et la regarda, et, quand il l'eut contemplée un instant, il dit :

« Ah! femme, quelle belle chose que tu sois reine! maintenant nous n'avons plus rien à désirer.

— Point du tout, mon homme, dit-elle tout agitée; le temps me dure fort de tout ceci, je n'y puis plus tenir. Va trouver la barbue; je suis reine, il faut maintenant que je devienne impératrice.

— Ah! femme, dit l'homme, pourquoi veux-tu devenir impératrice?

— Mon homme, dit-elle, va trouver la barbue, je veux être impératrice.

— Ah! femme, dit l'homme, elle ne peut pas te faire impératrice, je n'oserai pas dire cela à la barbue; il n'y a qu'un empereur dans l'empire : la barbue ne peut pas faire un empereur; elle ne le peut vraiment pas.

— Je suis reine, dit la femme, et tu es mon mari. Veux-tu bien y aller à l'instant même ? va, si elle a pu nous faire rois, elle peut nous faire empereurs. Va, te dis-je. »

Il fallut qu'il marchât. Mais, tout en s'éloignant, il était troublé et se disait en lui-même : « Cela n'ira pas bien : empereur ! c'est trop demander, la barbue se lassera. »

Tout en songeant ainsi, il vit que l'eau était noire et bouillonnante; l'écume montait à la surface, et le vent la soulevait en soufflant avec violence : il se sentit frissonner. Il s'approcha et dit :

> Tarare ondin, Tarare ondin,
> Petit poisson, gentil fretin,
> Mon Isabeau crie et tempête,
> Il en faut bien faire à sa tête.

« Et que veut-elle donc, dit la barbue ?

— Ah ! barbue, dit-il, ma femme veut devenir impératrice.

— Retourne, dit la barbue : elle l'est dès maintenant. »

L'homme revint sur ses pas, et, quand il fut de retour, tout le château était d'un marbre poli, enrichi de figures d'albâtre et décoré d'or. Des soldats étaient en nombre devant la porte; ils sonnaient de la trompette, frappaient les timbales et battaient le tambour; dans l'intérieur du palais, les barons, les comtes et les ducs allaient et venaient en qualité de simples serviteurs : ils lui ouvrirent les portes, qui étaient d'or massif. Et quand il fut entré, il vit sa femme assise sur un trône qui était d'or d'une seule pièce, et haut de plus de mille pieds; elle portait une énorme couronne d'or de trois coudées, garnie de brillants et d'escarboucles : d'une main elle tenait le sceptre, et de l'autre le globe impérial; à ses côtés étaient placés sur deux rangs ses gardes, tous plus petits l'un que l'autre, depuis les plus énormes géants, hauts de mille pieds, jusqu'au plus petit nain, qui n'était pas plus grand que mon petit doigt.

Devant elle se tenaient debout une foule de princes et de ducs. L'homme s'avança du milieu d'eux et dit : « Femme, te voilà donc impératrice !

— Oui, dit-elle, je suis impératrice. »

Alors il se plaça devant elle et la contempla; puis, quand il l'eut considérée un instant : « Ah! femme, dit-il, quelle belle chose que de te voir impératrice !

— Mon homme, dit-elle, que fais-tu là planté? Je suis impératrice, je veux maintenant être pape; va trouver la barbue.

— Ah! femme, dit l'homme, que demandes-tu là? Tu ne peux pas devenir pape; il n'y a qu'un seul pape dans la chrétienté; la barbue ne peut pas faire cela pour toi.

— Mon homme, dit-elle, je veux devenir pape ; va vite, il faut que je sois pape aujourd'hui même.

— Non, femme, dit l'homme, je ne puis pas lui dire cela ; cela ne peut être ainsi, c'est trop ; la barbue ne peut pas te faire pape.

— Que de paroles, mon homme ! dit la femme ; elle a pu me faire impératrice, elle peut aussi bien me faire pape. Marche, je suis impératrice et tu es mon homme ; vite, mets-toi en chemin. »

Il eut peur et partit ; mais le cœur lui manquait, il tremblait, avait le frisson, et ses jambes et ses genoux flageolaient sous lui. Le vent soufflait dans la campagne, les nuages couraient, et l'horizon était sombre vers le couchant : les feuilles s'agitaient avec bruit sur les arbres ; l'eau se soulevait et grondait comme si elle eût bouillonné, elle se brisait à grand bruit sur le rivage, et il voyait de loin les navires qui tiraient le canon d'alarme et dansaient et bondissaient sur les vagues. Le ciel était bleu encore à peine sur un point de son étendue, mais tout à l'entour des nuages d'un rouge menaçant annonçaient une terrible tempête. Il s'approcha tout épouvanté et dit :

    Tarare ondin, Tarare ondin,
    Petit poisson, gentil fretin,
    Mon Isabeau crie et tempête ;
    Il en faut bien faire à sa tête.

« Et que veut-elle donc ? dit la barbue.

— Ah! dit l'homme, elle veut devenir pape.

— Retourne, dit la barbue, elle l'est à cette heure. »

Il revint, et, quand il arriva, il vit une immense église tout entourée de palais. Il perça la foule du peuple pour y pénétrer : au dedans, tout était éclairé de mille et mille lumières; sa femme était revêtue d'or de la tête aux pieds; elle était assise sur un trône beaucoup plus élevé que l'autre, et portait trois énormes couronnes d'or; elle était environnée d'une foule de prêtres; à ses côtés étaient placées deux rangées de cierges, dont le plus grand était épais et haut comme la plus haute tour, et le plus petit pareil au plus petit flambeau de cuisine; tous les empereurs et les rois étaient agenouillés devant elle et baisaient sa mule.

« Femme, dit l'homme en la contemplant, il est donc vrai que te voilà pape!

— Oui, dit-elle, je suis pape. »

Alors il se plaça devant elle et se mit à la considérer, et il lui semblait qu'il regardait le soleil. Quand il l'eut ainsi contemplée un moment :

« Ah! femme, dit-il, quelle belle chose que de te voir pape! »

Mais elle demeurait roide comme une souche et ne bougeait.

Il lui dit : « Femme, tu seras contente maintenant ; te voilà pape ; tu ne peux pas désirer d'être quelque chose de plus.

— J'y réfléchirai, » dit la femme.

Là-dessus, ils allèrent se coucher, mais elle n'était pas contente ; l'ambition l'empêchait de dormir, et elle pensait toujours à ce qu'elle voudrait devenir.

L'homme dormit très-bien, et profondément ; il avait beaucoup marché tout le jour, mais la femme ne put s'assoupir un instant ; elle se tourna d'un côté sur l'autre pendant toute la nuit, pensant toujours à ce qu'elle pourrait devenir, et ne trouvant plus rien à imaginer. Cependant le soleil se levait, et quand elle aperçut l'aurore, elle se dressa sur son séant et regarda du côté de la lumière. Lorsqu'elle vit que les rayons du soleil entraient par la fenêtre :

« Ah ! pensa-t-elle, ne puis-je aussi commander de se lever au soleil et à la lune ?... Mon homme, dit-elle en le poussant du coude, réveille-toi, va trouver la barbue, je veux devenir pareille au bon Dieu. »

L'homme était encore tout endormi, mais il fut tellement effrayé qu'il tomba de son lit. Il pensa qu'il avait mal entendu ; il se frotta les yeux et dit :

« Ah ! femme, que dis-tu ?

— Mon homme, dit-elle, si je ne peux pas ordonner au soleil et à la lune de se lever, et s'il faut que je les voie se lever sans mon commandement, je n'y pourrai tenir, et je n'aurai pas une heure de bon temps ; je songerai toujours que je ne puis les faire lever moi-même. »

Et en disant cela, elle le regarda d'un air si effrayant qu'il sentit un frisson lui courir par tout le corps.

« Marche à l'instant, je veux devenir pareille au bon Dieu.

— Ah ? femme, dit l'homme en se jetant à ses genoux, la barbue ne peut pas faire cela. Elle peut bien te faire impératrice et pape ; je t'en prie, rentre en toi-même, et contente-toi d'être pape. »

Alors elle se mit en fureur, ses cheveux volèrent en désordre autour de sa tête, elle déchira son corsage, et donna à son mari un coup de pied en criant :

« Je n'y tiens plus, je n'y puis plus tenir : veux-tu marcher à l'instant même ? »

Alors il s'habilla rapidement et se mit à courir comme un insensé.

Mais la tempête était déchaînée, et grondait si furieuse qu'à peine il pouvait se tenir sur ses pieds ; les maisons et les arbres étaient ébranlés, les éclats de rochers roulaient dans la mer, et le ciel était noir comme de la poix ; il tonnait, il éclairait, et la mer soulevait des vagues noires aussi hautes que des clochers et des montagnes, et à leur sommet

elles portaient toutes une couronne blanche d'écume.
Il se mit à crier (à peine lui-même pouvait-il entendre ses propres paroles) :

> Tarare ondin, Tarare ondin,
> Petit poisson, gentil fretin,
> Mon Isabeau crie et tempête ;
> Il en faut bien faire à sa tête.

« Et que veut-elle donc ? dit la barbue.

— Ah ! dit-il, elle veut devenir pareille au bon Dieu.

— Retourne, tu la trouveras logée dans la cahute. »

Et ils y logent encore aujourd'hui à l'heure qu'il est.

LE FILS INGRAT.

Un jour un homme était assis devant sa porte avec sa femme : ils avaient devant eux un poulet rôti dont ils s'apprêtaient à se régaler. L'homme vit venir de loin son vieux père : aussitôt il se hâta de cacher le plat pour n'avoir pas à en donner au vieillard. Celui-ci but seulement un coup et s'en retourna.

A ce moment le fils alla chercher le plat pour le remettre sur la table; mais le poulet rôti s'était changé en un gros crapaud qui lui sauta au visage et s'y attacha pour toujours. Quand on essayait de l'enlever, l'horrible bête lançait sur les gens un regard venimeux, comme si elle allait se jeter dessus, si bien que personne n'osait en approcher. Le fils ingrat était condamné à la nourrir, sans quoi elle lui aurait dévoré la tête; et il passa le reste de ses jours à errer misérablement sur la terre.

LA GASPILLEUSE.

Il y avait une fois une jeune fille qui était jolie, mais négligente et paresseuse. Quand on l'obligeait

de filer, elle s'en acquittait avec tant d'ennui, que, plutôt que de démêler les petits pelotons de filasse qui se rencontraient dans le lin, elle en arrachait des poignées tout entières qu'elle jetait à terre auprès d'elle. Sa servante, qui était une fille laborieuse, ramassait tous ces brins de filasse, les nettoyait, les filait bien fin, et elle s'en fit faire une jolie robe.

Un jeune homme avait demandé la gaspilleuse en mariage et la noce allait se faire. Le soir avant ce grand jour, l'active servante dansait gaiement avec sa robe neuve; la future se mit à chanter :

> La fillette se fait gloire
> Des restes de mon fuseau.

Le fiancé lui demanda ce qu'elle voulait dire ; elle lui raconta qu'avec le lin qu'elle avait jeté au rebut sa chambrière s'était fait une robe. Le jeune homme apprenant cela, et voyant la nonchalance de l'une et l'activité de l'autre, laissa là sa fiancée, s'adressa à la servante et la prit pour sa femme.

FAUTE D'UN CLOU.

Un marchand avait fait de bonnes affaires à la foire ; toutes ses marchandises étaient vendues, et sa bourse remplie d'or et d'argent. Comme il voulait se mettre en route pour arriver chez lui avant la nuit, il serra son argent dans sa valise, la chargea derrière sa selle, et monta à cheval.

A midi il s'arrêta dans une ville ; il allait repartir, quand le valet d'écurie qui lui amenait son cheval lui dit : « Monsieur, il manque à votre cheval un clou au fer du pied gauche de derrière.

— C'est bien, répondit le marchand ; le fer tiendra encore pour six lieues qui me restent à faire ; je suis pressé. »

Dans l'après-midi, il descendit encore pour faire manger un peu de pain à son cheval. Le palefrenier vint le trouver et lui dit : « Monsieur, votre cheval est déferré du pied gauche de derrière. Faut-il le conduire au maréchal ?

— Non, c'est bien, répondit le maître ; pour deux

lieues qui me restent à faire, mon cheval ira encore ainsi. Je suis pressé. »

Il remonta et partit. Mais peu après le cheval commença à boiter ; un peu plus loin encore il se mit à broncher ; mais il ne broncha pas longtemps, car il tomba bientôt avec une jambe cassée. Le marchand fut obligé de laisser là la bête, de détacher sa valise, et, la prenant sur son épaule, de gagner à pied son logis, où il n'arriva que tard dans la nuit.

« Ce maudit clou qu'on néglige, murmurait-il en lui-même, est cause de tous les malheurs. »

Hâtez-vous lentement.

JEAN LE CHANCEUX.

Jean avait servi son maître sept ans ; il lui dit :
« Monsieur, mon temps est fini ; je voudrais retourner chez ma mère ; payez-moi mes gages, s'il vous plaît. »

Son maître lui répondit : « Tu m'as bien et loyalement servi ; la récompense sera bonne. » Et il lui donna un lingot d'or, gros comme la tête de Jean.

Jean tira son mouchoir de sa poche, enveloppa le lingot, et, le portant sur son épaule au bout d'un bâton, il se mit en route pour aller chez ses parents. Comme il marchait ainsi, toujours un pied devant l'autre, il vit un cavalier qui trottait gaillardement sur un cheval vigoureux. « Ah ! se dit Jean tout haut à lui-même, quelle belle chose que d'aller à cheval ! On est assis comme sur une chaise, on ne butte pas contre les cailloux du chemin, on épargne ses souliers, et on avance, Dieu sait combien ! »

Le cavalier, qui l'avait entendu, s'arrêta et lui dit : « Hé ! Jean, pourquoi donc vas-tu à pied ?

— Il le faut bien, répondit-il; je porte à mes parents ce gros lingot, il est vrai que c'est de l'or, mais il ne m'en pèse pas moins sur les épaules.

— Si tu veux, dit le cavalier, nous changerons; je te donnerai mon cheval et tu me donneras ton lingot.

— De tout mon cœur, répliqua Jean ; mais vous en aurez votre charge, je vous en avertis. »

Le cavalier descendit, et, après avoir pris l'or, il aida Jean à monter et lui mit la bride à la main en disant : « Maintenant, quand tu voudras aller vite, tu n'as qu'à faire claquer la langue et à dire : Hop ! hop ! »

Jean était dans la joie de son âme quand il se vit à cheval. Au bout d'un instant l'envie lui prit d'aller plus vite, et il se mit à claquer la langue et à crier : « Hop ! hop ! » Aussitôt le cheval se lança au galop, et Jean, avant d'avoir eu le temps de se méfier, était jeté par terre dans un fossé sur le bord de la route. Le cheval aurait continué de courir, s'il n'avait été arrêté par un paysan qui venait en sens opposé, chassant une vache devant lui. Jean, de fort mauvaise humeur, se releva comme il put et dit au paysan : « C'est un triste passe-temps que d'aller à cheval, surtout quand on a affaire à une mauvaise bête comme celle-ci, qui vous jette par terre au risque de vous rompre le cou ; Dieu me préserve de jamais remonter dessus ! A la bonne heure une vache comme la vôtre ; on va tranquillement derrière elle, et par-dessus le marché on a chaque jour du lait, du beurre, du fromage. Que ne donnerais-je pas pour posséder une pareille vache !

— Eh bien, dit le paysan, puisque cela vous fait

tant de plaisir, prenez ma vache pour votre cheval. »
Jean était au comble de la joie. Le paysan monta à cheval et s'éloigna rapidement.

Jean chassait tranquillement sa vache devant lui, en songeant à l'excellent marché qu'il venait de faire : « Un morceau de pain seulement, et je ne manquerai de rien, car j'aurai toujours du beurre et du fromage à mettre dessus. Si j'ai soif, je trais ma vache et je bois du lait. Que peut-on désirer de plus ? »

A la première auberge qu'il rencontra, il fit une halte et consomma joyeusement toutes les provisions qu'il avait prises pour la journée ; pour les deux liards qui lui restaient il se fit donner un demi-verre de bierre, et, reprenant sa vache, il continua son chemin. On approchait de midi ; la chaleur était accablante, et Jean se trouva dans une lande qui avait plus d'une lieue de long. Il souffrait tellement du chaud, que sa langue était collée de soif à son palais. « Il y a remède au mal, pensa-t-il ; je vais traire ma vache et me rafraîchir d'un verre de lait. »

Il attacha sa vache à un tronc d'arbre mort, et, faute de seau, il tendit son chapeau ; mais il eut beau presser le pis, pas une goutte de lait ne vint au bout de ses doigts. Pour comble de malheur, comme il s'y prenait maladroitement, la bête impatientée lui donna un tel coup de pied sur la tête, qu'elle l'étendit sur le sol, où il resta un certain temps sans connaissance.

Heureusement il fut relevé par un boucher qui passait par là, portant un petit cochon sur une brouette. Jean lui conta ce qui était arrivé. Le boucher lui fit boire un coup en lui disant : « Buvez cela pour vous réconforter ; cette vache ne vous donnera jamais de lait ; c'est une vieille bête qui n'est plus bonne que pour le travail ou l'abattoir. »

Jean s'arrachait les cheveux de désespoir : « Qui s'en serait avisé ? s'écriait-il ; sans doute, cela fera de la viande pour celui qui l'abattra. Mais pour moi j'estime peu la viande de vache ; elle n'a pas de goût. A la bonne heure un petit cochon comme le vôtre : voilà qui est bon, sans compter le boudin !

— Écoutez, Jean, lui dit le boucher ; pour vous faire plaisir, je veux bien troquer mon cochon contre votre vache.

— Que Dieu vous récompense de votre bonne amitié pour moi ! » répondit Jean, et il livra sa vache au boucher. Celui-ci, posant son cochon à terre, remit entre les mains de Jean la corde qui l'attachait.

Jean continuait son chemin en songeant combien il avait de chance : trouvait-il une difficulté, elle était aussitôt aplanie. Sur ces entrefaites, il rencontra un garçon qui portait sous le bras une belle oie blanche. Ils se souhaitèrent le bonjour, et Jean commença à raconter ses chances et la suite d'heureux échanges qu'il avait faits. De son côté, le garçon raconta qu'il portait son oie pour un repas de baptême. « Voyez, disait-il en la prenant par les ailes ; voyez quelle lourdeur ! il est vrai qu'on l'empâte depuis deux mois. Celui qui mordra dans ce rôti-là verra la graisse lui couler des deux côtés de la bouche.

— Oui, dit Jean, la soulevant de la main ; elle a son poids, mais mon cochon a son mérite aussi. »

Alors le garçon se mit à secouer la tête en regardant de tous côtés avec précaution. « Écoutez, dit-il, l'affaire de votre cochon pourrait bien n'être pas claire. Dans le village par lequel j'ai passé tout à l'heure, on vient justement d'en voler un dans l'étable du maire. J'ai peur, j'ai bien peur que ce ne soit le même que vous emmenez. On a envoyé des gens battre le pays ; ce serait pour vous une vilaine aventure, s'ils vous rattrapaient avec la bête ; le moins qui pourrait vous en arriver serait d'être jeté dans un cul-de-basse-fosse.

— Hélas ! mon Dieu, répondit le pauvre Jean, qui commençait à mourir de peur, ayez pitié de moi ! Il n'y a qu'une chose à faire ; prenez mon cochon et donnez-moi votre oie.

— C'est beaucoup risquer, répliqua le garçon ; mais, s'il vous arrivait malheur, je ne voudrais pas en être la cause. »

Et prenant la corde, il emmena promptement le cochon par un chemin de traverse, pendant que l'honnête Jean, dégagé d'inquiétude, s'en allait chez lui avec son oie sous le bras. « En y réfléchissant bien, se disait-il à lui-même, j'ai encore gagné à cet échange, d'abord un bon rôti ; puis, avec toute la graisse qui en coulera, me voilà pourvu de graisse d'oie pour trois mois au moins ; enfin, avec les belles plumes blanches, je me ferai un oreiller sur lequel je dormirai bien sans qu'on me berce. Quelle joie pour ma mère ! »

En passant par le dernier village avant d'arriver chez lui, il vit un rémouleur qui faisait tourner sa meule en chantant :

> Je suis rémouleur sans pareil ;
> Tourne, ma roue, au beau soleil !

Jean s'arrêta à le regarder et finit par lui dire : « Vous êtes joyeux à ce que je vois, il paraît que le repassage va bien.

— Oui, répondit le rémouleur, c'est un métier d'or. Un bon rémouleur est un homme qui a toujours de l'argent dans sa poche. Mais où avez-vous acheté cette belle oie ?

— Je ne l'ai pas achetée, je l'ai eue en échange de mon cochon.

— Et le cochon ?

— Je l'ai eu pour une vache.

— Et la vache ?

— Pour un cheval.

— Et le cheval?

— Pour un lingot d'or gros comme ma tête.

— Et le lingot?

— C'étaient mes gages pour sept ans de service.

— Je vois, dit le rémouleur, que vous avez toujours su vous tirer d'affaire. Maintenant il ne vous reste plus qu'à trouver un moyen d'avoir toujours la bourse pleine et votre bonheur est fait.

— Mais comment faire? demanda Jean.

— Il faut vous faire rémouleur comme moi. Pour cela, il suffit d'une pierre à aiguiser; le reste vient tout seul. J'en ai une, un peu ébréchée il est vrai, mais je vous la céderai pour peu de chose, votre oie seulement : voulez-vous ?

— Cela ne se demande pas, répondit Jean; me voilà l'homme le plus heureux de la terre. Au diable les soucis, quand j'aurai toujours la poche pleine. »

Il prit la pierre et donna son oie en payement.

« Tenez, lui dit le rémouleur en lui donnant un gros caillou commun qui était à ses pieds, je vous donne encore une autre bonne pierre par-dessus le marché; on peut frapper dessus tant qu'on veut; elle vous servira à redresser vos vieux clous. Emportez-la avec soin. »

Jean se chargea du caillou et s'en alla le cœur gonflé et les yeux brillants de joie : « Ma foi ! s'écriait-il, je suis né coiffé; tout ce que je désire m'arrive, ni plus ni moins que si j'étais venu au monde un dimanche ! »

Cependant, comme il était sur ses jambes depuis la pointe du jour, il commençait à sentir la fatigue. La faim aussi le tourmentait; car, dans sa joie d'avoir acquis la vache, il avait consommé toutes ses provisions d'un seul coup. Il n'avançait plus qu'avec peine et en s'arrêtant à chaque pas; la pierre et le caillou le chargeaient horriblement. Il ne put s'empêcher de songer qu'il serait bien heureux de n'avoir rien à porter du tout. Il se traîna jusqu'à une source voisine pour se reposer et se rafraîchir en buvant un coup; et, pour ne pas se blesser avec les pierres en s'asseyant, il les posa près de lui sur le bord de l'eau; puis, se mettant à plat ventre, il s'avança pour boire, mais sans le vouloir il poussa les pierres et elles tombèrent au fond. En les voyant disparaître sous ses yeux, il sauta de joie, et, les larmes aux yeux, il remercia Dieu qui lui avait fait la grâce de le décharger de ce faix incommode, sans qu'il eût rien à se reprocher. « Il n'y a pas sous le soleil, s'écria-t-il, un homme plus chanceux que moi ! » Et délivré de tout fardeau, le cœur léger comme les jambes, il continua son chemin jusqu'à la maison de sa mère.

PETITES LÉGENDES PIEUSES

L'ENFANT DE LA BONNE VIERGE.

Près de l'entrée d'une grande forêt vivait un bûcheron avec sa femme et son seul enfant, qui était une fille âgée de trois ans. Mais ils étaient si pauvres qu'ils ne savaient que lui donner à manger; car ils n'avaient pas leur pain de chaque jour. Un matin le bûcheron s'en alla tout soucieux travailler dans la forêt, et, comme il fendait du bois, une grande et belle femme se présenta tout à coup devant lui : elle portait sur la tête une couronne d'étoiles brillantes, et, lui adressant la parole, elle lui dit : « Je suis la Vierge Marie, mère du petit enfant Jésus; tu es pauvre et misérable, amène-moi ton enfant; je l'emporterai avec moi, je serai sa mère et j'en prendrai soin. »

Le bûcheron obéit; il alla chercher son enfant et la remit à la Vierge Marie qui l'emporta là-haut dans le ciel. Là l'enfant se trouvait très-heureuse; elle mangeait du biscuit, buvait d'excellente crème; ses vêtements étaient d'or et les bons anges jouaient avec elle.

Quand elle eut atteint quatorze ans, la Vierge Marie l'appela un jour et lui dit : « Ma chère en-

fant, j'ai un grand voyage à faire; je te confie ces clefs des treize portes du paradis. Tu peux en ouvrir douze et voir les merveilles qu'elles renferment ; mais la treizième porte, qu'ouvre cette petite clef que voici, celle-là t'est défendue ; garde-toi bien de l'ouvrir, car il t'arriverait malheur. »

La jeune fille promit d'obéir, et, quand la Vierge Marie fut partie, elle commença à visiter les appartements du ciel ; chaque jour elle en ouvrait un, jusqu'à ce qu'elle eût achevé de voir les douze. Dans chacun se trouvait un apôtre entouré de tant de lumière que de sa vie elle n'avait vu un pareil éclat ni une telle magnificence. Elle s'en réjouit, et les bons anges qui l'accompagnaient toujours s'en réjouissaient avec elle. Maintenant restait encore la porte défendue ; elle se sentit une grande envie de savoir ce qui était caché là derrière et elle dit aux bons anges : « Je ne veux pas l'ouvrir tout entière, mais je voudrais l'entre-bâiller un peu, pour que nous puissions voir à travers l'ouverture.

— Oh ! non, dirent les bons anges, ce serait un péché : la Vierge Marie l'a défendu, et il pourrait bien t'en arriver malheur. »

La jeune fille ne dit rien, mais le désir et la curiosité continuèrent à parler dans son cœur et à la tourmenter sans lui laisser de repos. Quand les bons anges furent enfin partis, elle pensa en elle-même : « Maintenant je suis toute seule ; qui me verra ? » Et elle alla prendre la clef. Quand elle l'eut prise, elle la mit dans le trou de la serrure, et, quand elle l'y eut placée, elle tourna. La porte s'ouvrit et elle vit au milieu du feu et de la lumière la Trinité assise ; elle toucha légèrement la lumière du bout de son doigt, et son doigt devint couleur d'or. Alors elle eut peur, elle ferma bien vite la porte et se sauva. Mais elle continua d'avoir peur, quoi qu'elle fît, et son cœur battait toujours sans vouloir se calmer, et la couleur de l'or restait sur son doigt et ne s'effaçait pas, quelque soin qu'elle prît de le laver.

Au bout de peu de jours la Vierge Marie revint de son voyage, appela la jeune fille et lui demanda les clefs du Paradis. Pendant qu'elle présentait le trousseau, la Vierge la regarda et lui dit : « N'as-tu pas aussi ouvert la treizième porte ?

— Non, » répondit-elle.

La Vierge porta la main à son cœur ; elle sentit qu'il battait et battait très-fort, et s'aperçut bien qu'elle avait violé son commandement et ouvert la porte défendue. Elle lui dit encore : « En vérité, ne l'as-tu pas fait ?

— Non, » dit une seconde fois la jeune fille.

La Vierge regarda le doigt qui s'était doré en touchant la lumière du ciel, elle ne douta plus que l'enfant ne fût coupable, et lui dit une troisième fois : « Ne l'as-tu pas fait ?

— Non, » dit la jeune fille une troisième fois.

La Vierge Marie dit alors : « Tu ne m'as pas

obéi et tu as menti ; tu ne mérites plus de rester dans le ciel. »

La jeune fille tomba dans un profond sommeil, et, quand elle se réveilla, elle était couchée sur le sol, au milieu d'un endroit désert. Elle voulut appeler, mais elle ne pouvait faire entendre aucun son ; elle se leva et voulut se sauver, mais, de quelque côté qu'elle se tournât, elle était arrêtée par un épais taillis qu'elle ne pouvait franchir. Dans le cercle où elle était ainsi enfermée se trouvait un vieil arbre dont le trou creux lui servit d'habitation. La nuit elle y dormait, et, quand il faisait de la pluie ou de l'orage, elle y trouvait un abri. Des racines, des baies sauvages étaient sa seule nourriture, et elle en cherchait aussi loin qu'elle pouvait aller.

Pendant l'automne, elle ramassait les feuilles de l'arbre, les portait dans le creux, et, quand la neige et le froid arrivaient, elle venait s'y cacher. Ses vêtements s'usèrent à la fin et se détachèrent par lambeaux ; il fallut encore qu'elle s'enveloppât dans les feuilles. Puis, dès que le soleil reprenait sa chaleur, elle sortait, se plaçait au pied de l'arbre, et ses longs cheveux la couvraient de tous côtés comme un manteau. Elle demeura longtemps dans cet état, éprouvant toutes les misères et toutes les souffrances du monde.

Un jour de printemps, le roi du pays chassait

dans la forêt et poursuivait une pièce de gibier. L'animal s'étant réfugié dans le taillis qui entourait le vieil arbre creux, le prince descendit de cheval, sépara les branches du fourré et s'y ouvrit un chemin avec son épée. Quand il eut réussi à le franchir, il vit assise sous l'arbre une jeune fille merveilleusement belle, que ses cheveux d'or couvraient tout entière jusqu'à la pointe des pieds. Il la regarda avec étonnement et lui dit : « Comment es-tu venue dans ce désert? » Elle resta muette, car il lui était impossible d'ouvrir la bouche. Le roi lui dit encore : « Veux-tu venir avec moi dans mon palais? »

Elle fit seulement un petit signe de la tête. Le roi la prit dans ses bras, la porta sur son cheval et l'emmena dans sa demeure, où il lui fit prendre des vêtements et lui donna tout en abondance. Quoiqu'elle ne pût parler, elle était si belle et si gracieuse qu'il se prit pour elle d'une grande passion et l'épousa.

Une année à peu près s'était écoulée quand la reine mit au monde un fils. La nuit, comme elle était couchée seule dans son lit, la Vierge Marie lui apparut et lui parla ainsi : « Si tu veux enfin dire la vérité et avouer que tu as ouvert la porte défendue, je t'ouvrirai la bouche et te rendrai la parole; mais si tu t'obstines dans le péché et persistes à mentir, j'emporterai avec moi ton enfant nouveau-né. »

Alors il fut permis à la reine de répondre, mais elle dit : « Non, je n'ai pas ouvert la porte défendue. »

Et la Vierge Marie enleva de ses bras son enfant nouveau-né et disparut avec lui. Le lendemain matin, quand on ne trouva plus l'enfant, un bruit se répandit parmi les gens du palais que la reine était une ogresse et qu'elle l'avait tué. Elle entendait tout et ne pouvait rien répondre; mais le roi l'aimait trop tendrement pour croire ce qui se disait.

Au bout d'un an la reine eut encore un fils; la Vierge Marie se présenta de nouveau la nuit devant elle et lui dit : « Si tu veux enfin avouer que tu as ouvert la porte défendue, je te rendrai ton enfant et je te délierai la langue; mais si tu t'obstines dans ton péché et continues à mentir, j'emporterai encore ton nouveau-né. »

La reine dit comme la première fois : « Non, je n'ai pas ouvert la porte défendue. »

Et la Vierge lui prit dans les bras son enfant et l'enleva dans le ciel. Le matin, quand les gens apprirent que l'enfant avait encore disparu, ils dirent tout haut que la reine l'avait mangé, et les conseillers du roi demandèrent qu'on lui fît son procès. Mais le roi l'aimait si tendrement qu'il n'en voulut rien croire et qu'il ordonna à ses conseillers de ne plus reparler de cela sous peine de la vie.

La troisième année, la reine donna le jour à une

belle petite fille, et la Vierge Marie lui apparut encore pendant la nuit et lui dit : « Suis-moi. » Elle la prit par la main, la conduisit dans le ciel et lui montra ses deux premiers-nés qui lui souriaient et jouaient avec le globe du monde. Et comme la mère se réjouissait de les voir, la Vierge Marie lui dit : « Si tu veux avouer maintenant que tu as ouvert la porte défendue, je te rendrai tes deux beaux petits garçons. »

La reine répondit pour la troisième fois : « Non, je n'ai pas ouvert la porte défendue. »

La Vierge la laissa retomber sur la terre et lui prit son troisième enfant.

Le lendemain matin, quand on ne le trouva plus, chacun dit tout haut : « La reine est une ogresse ; il faut qu'elle soit condamnée à mort. » Et le roi ne put cette fois repousser l'avis de ses conseillers. Elle fut appelée devant un tribunal, et, comme elle ne pouvait ni répondre ni se défendre, elle fut condamnée à périr sur le bûcher. Le bois était amassé, elle était attachée au poteau, et la flamme commençait à s'élever autour d'elle, lorsque son cœur fut touché de repentir : « Si je pouvais avant de mourir, pensa-t-elle, avouer que j'ai ouvert la porte ! » Et elle cria : « Oui, Marie, je suis coupable ! »

Comme cette pensée lui venait au cœur, la pluie commença à tomber du ciel et éteignit le feu du bûcher ; une lumière se répandit autour d'elle, et la Vierge Marie descendit, ayant à ses côtés les deux fils premiers-nés et portant dans ses bras la petite fille venue la dernière. Elle dit à la reine d'un ton plein de bonté : « Il est pardonné à celui qui avoue son péché et s'en repent. »

Et elle lui présenta les enfants, lui délia la langue et lui donna du bonheur pour toute sa vie.

LES DUCATS TOMBÉS DU CIEL.

Il était une fois une petite fille dont le père et la mère étaient morts. Elle était si pauvre qu'elle n'avait ni chambre ni lit pour se coucher ; elle ne possédait que les vêtements qu'elle avait sur le corps, et un petit morceau de pain qu'une âme charitable lui avait donné ; mais elle était bonne et pieuse.

Comme elle était abandonnée de tout le monde, elle se mit en route à la garde du bon Dieu. Sur son chemin, elle rencontra un pauvre homme qui lui dit : « Hélas ! j'ai si grand'faim ! donne-moi un peu à manger. » Elle lui présenta son morceau de pain tout entier en lui disant : « Dieu te vienne en aide ! » et continua de marcher.

Plus loin elle rencontra un enfant qui pleurait, disant : « J'ai froid à la tête ; donne-moi quelque chose pour me couvrir. » Elle ôta son bonnet et le lui donna. Plus loin encore elle en vit un autre qui était glacé faute de camisole, et elle lui donna la sienne ; enfin un dernier lui demanda sa jupe, qu'elle lui donna aussi.

La nuit étant venue, elle arriva dans un bois ; un autre enfant lui demanda une chemise. La pieuse petite fille pensa : « Il est nuit noire, personne ne

me verra, je peux bien donner ma chemise, » et elle la donna encore.

Ainsi elle ne possédait plus rien au monde. Mais au même instant les étoiles du ciel se mirent à tomber, et par terre elles se changeaient en beaux ducats reluisants ; et, quoiqu'elle eût ôté sa chemise, elle en avait une toute neuve, de la toile la plus fine. Elle ramassa les ducats et fut riche pour toute sa vie.

DIEU NOURRIT LES MALHEUREUX.

Il était une fois deux sœurs, l'une riche et sans enfants, l'autre veuve avec cinq enfants, et si pauvre qu'elle manquait de pain pour elle et pour sa famille. Poussée par le besoin, elle alla trouver sa sœur et lui dit : « Mes enfants souffrent ; tu es riche, donne-moi un morceau de pain. » Mais la richarde avait un cœur de pierre ; elle répondit : « Nous n'avons rien à la maison, » et la congédia durement.

Quelques heures après, le mari de la sœur riche rentra chez lui. Comme il commençait à couper le pain pour le dîner, il fut bien étonné d'en voir sortir des gouttes de sang au premier coup de couteau. Sa femme, effrayée, lui raconta tout ce qui s'était passé. Il se hâta de courir au secours de la pauvre veuve et lui porta tout ce qui avait été préparé pour son repas. Quand il sortit pour retourner au logis, il entendit une grande rumeur et vit une colonne de feu et de fumée qui montait vers le ciel. C'était sa maison qui brûlait. Toutes ses richesses étaient perdues ; sa méchante femme poussait des cris affreux et disait : « Nous mourrons de faim.

— Dieu nourrit les malheureux, » lui répondit sa bonne sœur, accourue près d'elle.

Celle qui avait été riche dut mendier à son tour; mais personne n'avait pitié d'elle. Oubliant sa dureté, sa sœur partageait avec elle les aumônes qu'elle recevait.

LES TROIS RAMEAUX VERTS.

Il était une fois un ermite qui vivait dans un bois au pied d'une montagne ; il partageait son temps entre la prière et les bonnes œuvres, et chaque soir il portait, pour l'amour de Dieu, deux seaux d'eau du pied de la montagne au sommet, afin d'arroser les plantes et d'abreuver les animaux : car il régnait à cette hauteur un vent violent qui desséchait tout, et les oiseaux sauvages, qui fuyaient dans ce désert la présence de l'homme, y cherchaient en vain avec leurs yeux perçants de quoi se désaltérer. Pour récompenser sa piété, un ange de Dieu apparaissait à l'ermite, et, quand sa corvée était finie, lui apportait à manger comme à ce prophète qui, sur l'ordre de l'Éternel, fut nourri par les corbeaux.

L'ermite était ainsi parvenu en odeur de sainteté jusqu'à une grande vieillesse, quand un jour il aperçut de loin un pauvre pécheur qu'on menait à la potence. Il se mit à dire : « En voilà un qui est payé selon ses mérites. » Mais le soir, quand il porta de l'eau sur la montagne, l'ange ne lui apparut pas comme à l'ordinaire et ne lui apporta pas son souper. Il en fut effrayé et chercha dans son cœur en quoi il pouvait avoir offensé Dieu, mais il ne put le découvrir. Il se précipita sur la terre et resta en prière jour et nuit, sans prendre de nourriture.

Un jour qu'il était à pleurer amèrement dans le bois, il entendit un petit oiseau qui chantait avec une voix si merveilleuse qu'il ne put s'empêcher de lui dire : « Ah! petit, que tu chantes gaiement! Le Seigneur n'est pas en courroux contre toi. Hélas! si tu pouvais me dire en quoi je l'ai offensé, je ferais pénitence, et la joie rentrerait aussi dans mon cœur. »

L'oiseau lui répondit : « Tu as commis une mauvaise action en condamnant un pauvre pêcheur qu'on menait à la potence ; c'est pourquoi le Seigneur est courroucé contre toi, car à lui seul appartient le jugement. Cependant, si tu fais pénitence et si tu te repens de ton péché, il te pardonnera. »

L'ermite vit alors l'ange debout devant lui et tenant à la main un bâton de bois sec. L'ange lui dit : « Tu porteras ce bois sec jusqu'à ce qu'il en sorte trois pousses vertes, et la nuit, quand tu voudras dormir, tu le mettras sous ta tête. Tu mendieras ton pain aux portes et tu ne resteras pas plus d'une nuit sous le même toit. Telle est la pénitence que le Seigneur t'impose. »

L'ermite prit le bâton et retourna dans le monde,

qu'il avait oublié depuis si longtemps. Il ne vivait que des aumônes qu'on lui donnait aux portes ; mais souvent on n'écoutait pas ses demandes, et plus d'une porte lui restait fermée, de façon qu'il passait des jours entiers sans une miette de pain.

Un jour qu'il avait été depuis le matin jusqu'au soir de porte en porte, et que personne n'avait voulu lui rien donner ni l'héberger pour la nuit, il s'en alla dans un bois et y trouva enfin une maison creusée dans le roc, dans laquelle une vieille femme était assise. « Bonne femme, lui dit-il, recevez-moi chez vous pour cette nuit.

— Non, lui répondit-elle ; je n'oserais pas, quand même je le voudrais. J'ai trois fils qui sont de féroces brigands ; s'ils vous voyaient ici, quand ils vont revenir de leur tournée, ils nous tueraient tous les deux.

— Laissez-moi entrer, dit l'ermite, ils ne vous feront rien ni à moi non plus. »

La vieille eut compassion et se laissa toucher. L'homme se coucha sous l'escalier avec son bâton sous la tête. Elle lui demanda pourquoi il se mettait ainsi ; alors il lui raconta qu'il accomplissait sa pénitence, et que ce bâton devait être son oreiller ; qu'il avait offensé le Seigneur en disant d'un pauvre pêcheur qu'on menait au gibet qu'il était payé selon ses mérites. La femme s'écria en pleurant : « Hélas ! si Dieu punit ainsi une simple parole, que deviendront mes fils quand ils paraîtront devant lui au jour du jugement ? »

A minuit, les brigands rentrèrent en faisant

beaucoup de bruit. Ils allumèrent un grand feu qui éclaira toute la pièce et leur fit apercevoir l'homme couché sous l'escalier ; ils entrèrent alors dans une grande fureur et crièrent à leur mère : « Quel est cet homme? ne t'avons-nous pas défendu de recevoir jamais personne ? »

La mère répondit : « Laissez-le ; c'est un pauvre pécheur qui fait pénitence de ses fautes.

— Qu'a-t-il donc fait? demandèrent les brigands; allons, vieillard, conte-nous tes péchés. »

Il se leva et leur raconta comment, pour avoir offensé Dieu par un seul mot, il était soumis à une rude expiation. Les brigands sentirent leur cœur tellement touché par cette histoire, qu'ils furent saisis d'effroi en considérant leur vie passée ; ils rentrèrent en eux-mêmes et commencèrent à faire pénitence avec une sincère contrition.

L'ermite, après avoir converti ces trois pécheurs, se remit à dormir sous l'escalier. Mais le lendemain on le trouva mort, et le bâton de bois sec placé sous sa tête avait poussé trois rameaux verts. Ainsi le Seigneur lui avait pardonné.

LA PAUVRE VIEILLE MÈRE.

Dans une grande ville, une pauvre vieille femme était assise seule un soir dans sa chambre : elle songeait qu'elle avait perdu d'abord son mari, puis ses deux enfants, ensuite tous ses parents les uns après les autres, et qu'enfin elle venait de perdre encore son dernier ami et qu'elle restait abandonnée et seule au monde. Elle sentait en son cœur un chagrin si profond, surtout de la perte de ses deux fils, qu'elle allait dans sa douleur jusqu'à accuser Dieu.

Elle était ainsi plongée dans ses tristes pensées, quand il lui sembla entendre sonner l'office du matin. Tout étonnée que la nuit eût passé si vite, elle alluma sa chandelle et se dirigea vers l'église. A son arrivée elle trouva la nef éclairée, non par les cierges comme à l'ordinaire, mais par une lumière bizarre et d'un éclat douteux. L'église était remplie de monde, toutes les places étaient prises, et, quand la vieille mère voulut se mettre à son banc habituel, elle le trouva tout plein. En regardant ceux qui l'occupaient, elle reconnut ses parents morts, avec leurs habits à l'ancienne mode, mais avec des visages pâles. Ils ne parlaient ni ne chantaient ; on entendait seulement comme un bourdonnement et un souffle léger courir dans toute l'église.

Une de ses tantes défuntes s'approcha d'elle et lui dit : « Regarde du côté de l'autel, tu verras tes fils. » La pauvre mère vit en effet ses deux enfants : l'un était au gibet et l'autre sur la roue. Alors sa tante lui dit : « Vois-tu, voilà ce qu'ils seraient devenus si Dieu les avait laissés au monde et s'ils ne les avait pas rappelés à lui quand ils étaient encore dans l'âge de l'innocence. »

La vieille mère rentra chez elle en tremblant, et elle remercia Dieu à genoux de ce qu'il avait mieux fait pour elle qu'elle n'avait pu le comprendre. Au bout de trois jours, elle se mit au lit et mourut.

LE FESTIN CÉLESTE.

Un pauvre petit paysan entendit un jour à l'église le prêtre dire que, quand on voulait entrer au paradis, il fallait marcher droit. Il se mit en route, allant toujours tout droit devant lui, par monts et par vaux, sans jamais se détourner. A la fin, son chemin le conduisit dans une grande ville et au milieu d'une belle église où on célébrait le service divin. En voyant toute cette magnificence, il s'imagina qu'il était arrivé dans le ciel, et, plein de joie, il s'y arrêta.

Quand l'office fut terminé, le sacristain lui dit de sortir, mais il répondit : « Non, je ne sors pas, je suis enfin au ciel et j'y reste. » Le sacristain alla trouver le curé, et lui dit qu'il y avait dans l'église un enfant qui ne voulait pas en sortir et qui s'imaginait être en paradis. « S'il le croit ainsi, dit le curé, il faut l'y laisser. » Là-dessus, il vint auprès de l'enfant et lui demanda s'il voulait travailler. Le petit répondit que oui et qu'il était habitué au travail, mais qu'il ne voulait pas sortir du ciel.

Il resta donc dans l'église ; et, comme il y voyait les fidèles adorer à genoux une statue en bois de l'enfant Jésus, il s'imagina que c'était là le bon Dieu et dit à cette image : « Que tu es maigre, ô mon Dieu ! certainement ces gens-là ne te don-

nent pas à manger : je partagerai mon pain avec toi tous les jours. » Il entendit alors une voix qui lui disait : « Donne à ceux qui ont faim et tu me nourriras. »

A la porte de l'église, une pauvre vieille femme

tendait sa main tremblante aux passants. L'enfant lui donna la moitié de son pain ; puis il regarda la statue, et il lui sembla qu'elle souriait; il fit ainsi chaque jour, et la statue paraissait contente.

Quelque temps après il tomba malade, et pendant huit jours il ne sortit pas de son lit. Dès qu'il put se lever, il vint s'agenouiller aux pieds de l'enfant Jésus. Le curé, qui le suivait, l'entendit prier ainsi : « Mon Dieu, ne m'accuse pas si depuis si longtemps je ne t'ai pas nourri ; j'étais malade, je ne pouvais me lever. »

Comme il restait à genoux, le curé lui demanda ce qu'il faisait. « Oh ! mon père, répondit-il, voici ce que m'a dit l'enfant Jésus : « J'ai vu ta bonne « volonté, et cela suffit. Dimanche prochain ce sera « toi qui viendras avec moi au festin céleste. »

Le prêtre pensa que Dieu lui ordonnait de donner la communion au pauvre petit ; il le prépara donc à ce grand jour. Le dimanche l'enfant assista au service divin ; mais au moment de la communion, Dieu le rappela à lui et le fit asseoir au festin céleste.

CONTES FANTASTIQUES

ET

CONTES FACÉTIEUX

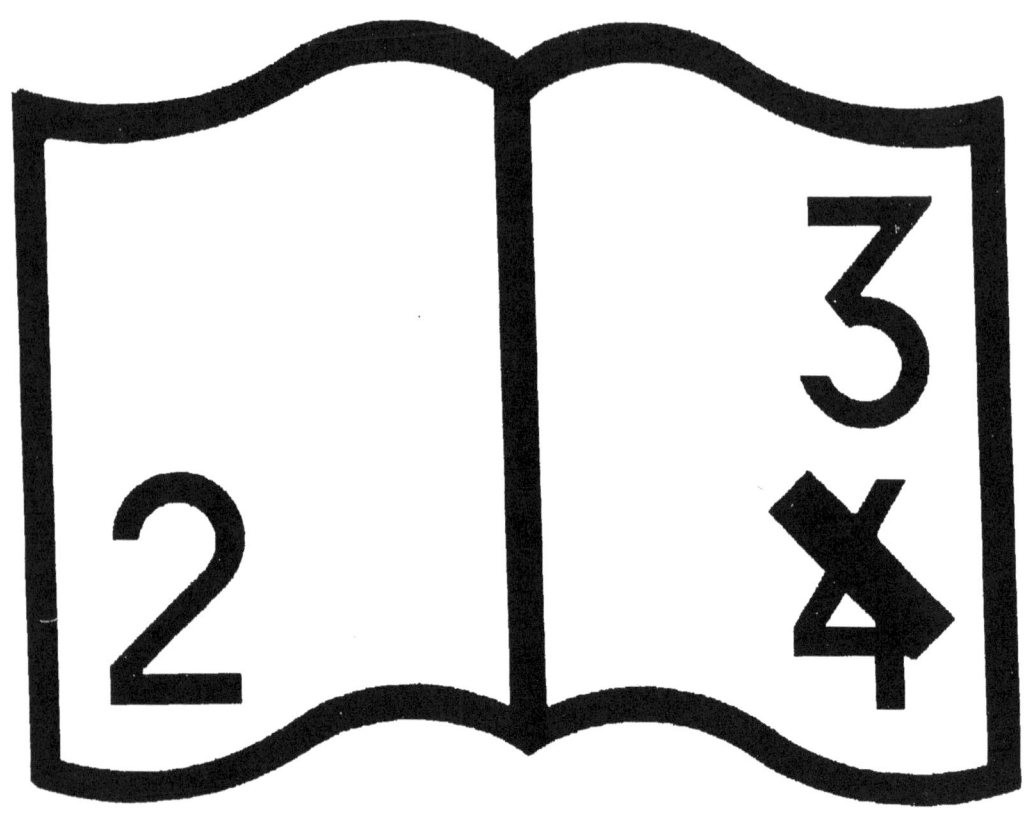

Pagination incorrecte — date incorrecte

NF Z 43-120-12

tu en pourras porter ; mais auparavant je veux m'assurer si tu n'as pas peur, car je ne donne rien aux poltrons.

— Soldat et poltron, répondit l'autre, sont deux mots qui ne vont pas ensemble. Tu peux me mettre à l'épreuve.

— Eh bien donc, reprit l'étranger, regarde derrière toi. »

Le soldat, se retournant, vit un ours énorme qui courait sur lui en grondant. « Oh, oh ! s'écria-t-il, je vais te chatouiller le nez et te faire perdre l'envie de grogner. » Et, le couchant en joue, il l'atteignit au museau ; l'ours tomba mort sur le coup.

« Je vois, dit l'étranger, que tu ne manques pas de courage ; mais tu dois remplir encore d'autres conditions.

— Rien ne m'arrêtera, dit le soldat qui voyait bien à qui il avait affaire, pourvu que mon salut éternel ne soit pas compromis.

— Tu en jugeras toi-même, répliqua l'homme. Pendant sept ans tu ne devras ni te laver, ni te peigner la barbe et les cheveux, ni te couper les ongles ni faire ta prière. Je vais te donner un habit et un manteau que tu porteras pendant tout ce temps. Si tu meurs dans cet intervalle, tu m'appartiendras ; si tu vis au delà de sept ans, tu seras libre et riche pour toute ta vie. »

Le soldat songea à la grande misère à laquelle il

était réduit; lui qui avait tant de fois affronté la mort, il pouvait bien se risquer cette fois encore : il accepta. Le diable ôta son habit vert et le lui donna en disant : « Tant que tu porteras cet habit, en mettant la main à la poche tu en tireras toujours une poignée d'or. » Puis, après avoir dépouillé l'ours de sa peau, il ajouta : « Ceci sera ton manteau et aussi ton lit, car tu n'en devras pas avoir d'autre. Et à cause de ce vêtement on t'appellera Peau-d'ours. » Là-dessus le diable disparut.

Le soldat passa l'habit, et, mettant la main dans sa poche, il trouva que le diable ne l'avait pas trompé. Il endossa aussi la peau d'ours et se mit à parcourir le monde, se donnant du bon temps et ne se refusant rien de ce qui fait engraisser les gens et maigrir leur bourse. La première année, il était encore passable, mais la seconde il avait déjà l'air d'un monstre. Ses cheveux lui couvraient presque entièrement la face, sa barbe était emmêlée et comme feutrée, et son visage tellement couvert de crasse que, si on y avait semé de l'herbe, elle aurait levé. Il faisait fuir tout le monde. Mais cependant, comme il donnait à tous les pauvres en leur demandant de prier Dieu pour qu'il ne mourût pas dans les sept ans, et comme il parlait en homme de bien, il trouvait toujours un gîte.

La quatrième année, il entra dans une auberge,

où l'hôte ne voulait pas le recevoir, même dans l'écurie, de peur qu'il n'effarouchât les chevaux. Mais Peau-d'ours ayant tiré de sa poche une poignée de ducats, l'hôte se laissa gagner et lui donna une chambre sur la cour de derrière, à condition qu'il ne se laisserait pas voir, pour ne pas perdre de réputation l'établissement.

Un soir, Peau-d'ours était assis dans sa chambre, souhaitant de tout son cœur la fin des sept années, quand il entendit quelqu'un pleurer dans la chambre à côté. Comme il avait bon cœur, il ouvrit la porte et vit un vieillard qui sanglotait en tenant sa tête entre ses mains. Mais, en voyant entrer Peau-d'ours, l'homme, effrayé, voulut se sauver. Enfin il se calma en entendant une voix humaine qui lui parlait, et Peau-d'ours finit, à force de paroles amicales, par lui faire raconter la cause de son chagrin. Il avait perdu toute sa fortune, et était réduit avec ses filles à une telle misère, qu'il ne pouvait payer l'hôte et qu'on allait le mettre en prison. « Si vous n'avez pas d'autre souci, lui dit Peau-d'ours, j'ai assez d'argent pour vous tirer de là. » Et ayant fait venir l'hôte, il le paya et donna encore au malheureux une forte somme pour ses besoins.

Le vieillard ainsi délivré ne savait comment témoigner sa reconnaissance. « Viens avec moi, dit-il; mes filles sont des merveilles de beauté; tu en choisiras une pour ta femme. Elle ne s'y refusera pas quand elle saura ce que tu viens de faire pour moi. A la vérité, tu as l'air un peu bizarre, mais une femme t'aura bientôt réformé. »

Peau-d'ours consentit à accompagner le vieillard. Mais quand l'aînée aperçut cet horrible visage, elle fut si épouvantée qu'elle s'enfuit en poussant des cris. La seconde le considéra de pied ferme et le toisa de la tête aux pieds, mais elle lui dit : « Comment accepter un mari qui n'a pas figure humaine? J'aimerais mieux cet ours rasé que j'ai vu un jour à la foire, et qui était habillé comme un homme, avec une pelisse de hussard et des gants blancs. Au moins il n'était que laid ; on pouvait s'y accoutumer. »

Mais la plus jeune dit : « Cher père, ce doit être un brave homme, puisqu'il nous a secourus ; vous lui avez promis une femme : il faut faire honneur à votre parole. » Malheureusement le visage de Peau-d'ours était couvert de poil et de crasse ; sans cela on eût pu y voir briller la joie qui épanouit son cœur quand il entendit ces paroles. Il prit un anneau à son doigt, le brisa en deux et en donna une moitié à sa fiancée, en lui recommandant de la bien conserver pendant qu'il gardait l'autre. Dans la moitié qu'il donnait, il inscrivit son propre nom, et celui de la jeune fille dans celle qu'il gardait pour lui. Puis il prit congé d'elle en disant :

« Je vous quitte pour trois ans. Si je reviens, nous nous marierons; mais si je ne reviens pas, c'est que je serai mort, et vous serez libre. Priez Dieu qu'il me conserve la vie. »

La pauvre fiancée prit le deuil, et les larmes lui venaient aux yeux quand elle pensait à son fiancé. Ses sœurs l'accablaient des plaisanteries les plus désobligeantes. « Prends bien garde, disait l'aînée, quand tu lui donneras ta main, qu'il ne l'écorche avec sa patte.

— Méfie-toi, ajoutait la seconde, les ours aiment les douceurs; si tu lui plais, il te croquera.

— Il te faudra toujours faire sa volonté, reprenait l'aînée; autrement, gare les grognements.

— Mais, ajoutait encore la seconde, le bal de noces sera gai : les ours dansent bien. »

La pauvre fille laissait dire ses sœurs sans se fâcher. Quant à l'homme à la peau d'ours, il errait toujours par le monde, faisant du bien tant qu'il pouvait et donnant généreusement aux pauvres, afin qu'ils priassent pour lui.

Enfin, quand le dernier jour des sept ans fut arrivé, il retourna à la lande et se mit dans le cercle des arbres. Un grand vent s'éleva, et le diable ne tarda pas à paraître avec un air courroucé; il jeta au soldat ses vieux vêtements et lui redemanda son habit vert. « Un instant, dit Peau-d'ours, il faut d'abord que tu me nettoies. » Le diable fut forcé, bien malgré lui, d'aller chercher de l'eau, de laver Peau-d'ours, de lui peigner les cheveux et de lui couper les ongles. L'homme reprit l'air d'un brave soldat, beaucoup plus beau qu'il n'avait été auparavant.

Peau-d'ours se sentit soulagé d'un grand poids quand le diable fut parti sans le tourmenter autrement. Il retourna à la ville, endossa un magnifique habit de velours, et, montant dans une voiture traînée par quatre chevaux blancs, il se fit conduire chez sa fiancée. Personne ne le reconnut; le père le prit pour un officier supérieur, et le fit entrer dans la chambre où étaient ses filles. Les deux aînées le firent asseoir entre elles; elles lui servirent un repas délicat, en déclarant qu'elles n'avaient jamais vu un si beau cavalier. Quant à sa fiancée, elle était assise en face de lui avec ses vêtements noirs, les yeux baissés et sans dire un mot. Enfin le père lui demandant s'il voulait épouser une de ses filles, les deux aînées coururent dans leur chambre pour faire toilette, car chacune d'elle s'imaginait qu'elle était la préférée.

L'étranger, resté seul avec sa fiancée, prit la moitié d'anneau qu'il avait dans sa poche, et la jeta au fond d'un verre de vin qu'il lui offrit. Quand elle eut bu et qu'elle aperçut ce fragment au fond du verre, le cœur lui tressaillit. Elle saisit l'autre moitié, qui était suspendue à son cou, la rapprocha de la première, et toutes les deux se rejoignirent exactement. Alors il lui dit : « Je suis ton fiancé bien-aimé, que tu as vu sous une peau d'ours ; maintenant, par la grâce de Dieu, j'ai recouvré ma figure humaine, et je suis purifié de mes souillures. »

Et, la prenant dans ses bras, il l'embrassa étroitement. En même temps les deux sœurs rentraient en grand costume ; mais, quand elles virent que ce beau jeune homme était pour leur sœur et que c'était l'homme à la peau d'ours, elles s'enfuirent, pleines de dépit et de colère : la première alla se noyer dans un puits, et la seconde se pendit à un arbre.

Le soir on frappa à la porte, et le fiancé, allant ouvrir, vit le diable en habit vert qui lui dit : « Eh bien ! j'ai perdu ton âme, mais j'en ai gagné deux autres. »

LES TROIS FILEUSES.

Il était une jeune fille paresseuse qui ne voulait pas filer. Sa mère avait beau se mettre en colère, elle n'en pouvait rien tirer. Un jour elle en perdit tellement patience qu'elle alla jusqu'à lui donner des coups, et la fille se mit à pleurer tout haut. Justement la reine passait par là; en entendant les pleurs, elle fit arrêter sa voiture, et, entrant dans la maison, elle demanda à la mère pourquoi elle frappait sa fille si durement que les cris de l'enfant s'entendaient jusque dans la rue. La femme eut honte de révéler la paresse de sa fille, et elle dit : « Je ne peux pas lui ôter son fuseau; elle veut toujours et sans cesse filer, et dans ma pauvreté je ne peux pas suffire à lui fournir du lin. »

La reine répondit : « Rien ne me plaît plus que la quenouille; le bruit du rouet me charme; donnez-moi votre fille dans mon palais; j'ai du lin en quantité; elle y filera tant qu'elle voudra. » La mère y consentit de tout son cœur, et la reine emmena la jeune fille.

Quand on fut arrivé au palais, elle la conduisit dans trois chambres qui étaient remplies du plus beau lin depuis le haut jusqu'en bas. « File-moi tout ce lin, lui dit-elle, et, quand il sera fini, je te ferai épouser mon fils aîné. Ne t'inquiète pas de ta pauvreté ; ton zèle pour le travail te sera une dot suffisante. »

La jeune fille ne dit rien, mais intérieurement elle était consternée : car eût-elle travaillé pendant trois cents ans sans s'arrêter, depuis le matin jusqu'au soir, elle ne serait pas venue à bout de ces énormes tas d'étoupe. Quand elle fut seule, elle se mit à pleurer, et resta ainsi trois jours sans faire œuvre de ses doigts. Le troisième jour, la reine vint la visiter ; elle fut fort étonnée en voyant qu'il n'y avait rien de fait ; mais la jeune fille s'excusa en alléguant son chagrin d'avoir quitté sa mère. La reine voulut bien se contenter de cette raison ; mais elle dit en s'en allant : « Allons, il faut commencer demain à travailler. »

Quand la jeune fille se retrouva seule, ne sachant plus que faire, dans son trouble, elle se mit à la fenêtre, et elle y vit venir à elle trois femmes, dont la première avait un grand pied plat ; la seconde, une lèvre inférieure si grande et si tombante qu'elle couvrait et dépassait le menton ; et la troisième, un pouce large et aplati. Elles se plantèrent devant la fenêtre, les yeux tournés vers la chambre, et demandèrent à la jeune fille ce qu'elle voulait. Elle

leur conta ses chagrins; les trois femmes lui offrirent de l'aider. « Si tu nous promets, lui dirent-elles, de nous inviter à ta noce, de nous nommer tes cousines sans rougir de nous et de nous faire asseoir à ta table, nous allons te filer ton lin, et ce sera bientôt fini.

— De tout mon cœur, répondit-elle ; entrez et commencez tout de suite. »

Elle introduisit ces trois singulières femmes et débarrassa une place dans la première chambre pour les installer ; elles se mirent à l'ouvrage. La première filait l'étoupe et faisait tourner le rouet ; la seconde mouillait le fil ; la troisième le tordait et l'appuyait sur la table avec son pouce, et, à chaque coup de pouce qu'elle donnait, il y avait par terre un écheveau du fil le plus fin. Chaque fois que la reine entrait, la jeune fille cachait ses fileuses et lui montrait ce qu'il y avait de travail de fait, et la reine n'en revenait pas d'admiration. Quand la première chambre fut vidée, elles passèrent à la seconde, puis à la troisième, qui fut bientôt terminée aussi. Alors les trois femmes s'en allèrent en disant à la jeune fille : « N'oublie pas ta promesse ; tu t'en trouveras bien. »

Lorsque la jeune fille eut montré à la reine les chambres vides et le lin filé, on fixa le jour des noces. Le prince était ravi d'avoir une femme si habile et si active, et il l'aimait avec ardeur. « J'ai trois cousines, dit-elle, qui m'ont fait beaucoup de bien et que je ne voudrais pas négliger dans mon bonheur; permettez-moi de les inviter à ma noce et de les faire asseoir à notre table. »

La reine et le prince n'y virent aucun empêchement. Le jour de la fête, les trois femmes arrivèrent en équipage magnifique, et la mariée leur dit : « Chères cousines, soyez les bienvenues.

— Ah! lui dit le prince, tu as là des parentes bien laides. »

Puis s'adressant à celle qui avait le pied plat, il lui dit : « D'où vous vient ce large pied?

— D'avoir fait tourner le rouet, répondit-elle, d'avoir fait tourner le rouet. »

A la seconde : « D'où vous vient cette lèvre pendante?

— D'avoir mouillé le fil, d'avoir mouillé le fil. »

Et à la troisième : « D'où vous vient ce large pouce?

— D'avoir tordu le fil, d'avoir tordu le fil. »

Le prince, effrayé de cette perspective, déclara que jamais dorénavant sa belle épouse ne toucherait à un rouet, et ainsi elle fut délivrée de cette odieuse occupation.

LES TROIS CHEVEUX D'OR DU DIABLE.

Il était une fois une pauvre femme qui mit au monde un fils, et, comme il était coiffé quand il naquit, on lui prédit que, dans sa quatorzième année, il épouserait la fille du roi.

Sur ces entrefaites, le roi passa par le village, sans que personne le reconnût; et comme il demandait ce qu'il y avait de nouveau, on lui répondit qu'il venait de naître un enfant coiffé, que tout ce qu'il entreprendrait lui réussirait, et qu'on lui avait prédit que, lorsqu'il aurait quatorze ans, il épouserait la fille du roi.

Le roi avait un mauvais cœur, et cette prédiction le fâcha. Il alla trouver les parents du nouveau-né, et leur dit d'un air tout amical : « Vous êtes de pauvres gens, donnez-moi votre enfant, j'en aurai bien soin. » Ils refusèrent d'abord; mais l'étranger leur offrit de l'or, et ils se dirent : « Puisque l'enfant est né coiffé, ce qui arrive est pour son bien. » Ils finirent par consentir et par livrer leur fils.

Le roi le mit dans une boîte, et chevaucha avec ce

fardeau jusqu'au bord d'une rivière profonde où il le jeta, en pensant qu'il délivrait sa fille d'un galant sur lequel elle ne comptait guère. Mais la boîte, loin de couler à fond, se mit à flotter comme un petit batelet, sans qu'il entrât dedans une seule goutte d'eau; elle alla ainsi à la dérive jusqu'à deux lieues de la capitale, et s'arrêta contre l'écluse d'un moulin. Un garçon meunier qui se trouvait là par bonheur l'aperçut et l'attira avec un croc; il s'attendait en l'ouvrant à y trouver de grands trésors : mais c'était un joli petit garçon, frais et éveillé. Il le porta au moulin; le meunier et sa femme, qui n'avaient pas d'enfants, reçurent celui-là comme si Dieu le leur eût envoyé. Ils traitèrent de leur mieux le petit orphelin, qui grandit chez eux en forces et en bonnes qualités.

Un jour, le roi, surpris par la pluie, entra dans le moulin et demanda au meunier si ce grand jeune homme était son fils. « Non, sire, répondit-il, c'est un enfant trouvé qui est venu dans une boîte échouer contre notre écluse, il y a quatorze ans; notre garçon meunier l'a tiré de l'eau. »

Le roi reconnut alors que c'était l'enfant né coiffé qu'il avait jeté à la rivière. « Bonnes gens, dit-il, ce jeune homme ne pourrait-il pas porter une lettre de ma part à la reine? je lui donnerais deux pièces d'or pour sa peine.

— Comme Votre Majesté l'ordonnera, » répondirent-ils ; et ils dirent au jeune homme de se tenir prêt. Le roi écrivit à la reine une lettre où il lui mandait de se saisir du messager, de le mettre à mort et de l'enterrer, de façon à ce qu'il trouvât la chose faite à son retour.

Le garçon se mit en route avec la lettre, mais il s'égara et arriva le soir dans une grande forêt. Au milieu des ténèbres, il aperçut de loin une faible lumière, et, se dirigeant de ce côté, il atteignit une petite maisonnette, où il trouva une vieille femme assise près du feu. Elle parut toute surprise de voir le jeune homme et lui dit : « D'où viens-tu et que veux-tu ?

— Je viens du moulin, répondit-il ; je porte une lettre à la reine ; j'ai perdu mon chemin et je voudrais bien passer la nuit ici.

— Malheureux enfant, répliqua la femme, tu es tombé dans une maison de voleurs, et, s'ils te trouvent ici, c'est fait de toi.

— A la grâce de Dieu, dit le jeune homme, je n'ai pas peur ; et, d'ailleurs, je suis si fatigué qu'il m'est impossible d'aller plus loin. »

Il se coucha sur un banc et s'endormit. Les voleurs rentrèrent bientôt après, et ils demandèrent avec colère pourquoi cet étranger était là. « Ah ! dit la vieille, c'est un pauvre enfant qui s'est égaré dans le bois ; je l'ai reçu par compassion. Il porte une lettre à la reine. »

Les voleurs prirent la lettre pour la lire, et virent qu'elle enjoignait de mettre à mort le messager. Malgré la dureté de leur cœur, ils eurent pitié du

pauvre diable; leur capitaine déchira la lettre, et en mit une autre à la place, qui enjoignait qu'aussitôt que le jeune homme arriverait on lui fît immédiatement épouser la fille du roi. Puis les voleurs le laissèrent dormir sur son banc jusqu'au matin, et, quand il fut éveillé, ils lui remirent la lettre et lui montrèrent son chemin.

La reine, ayant reçu la lettre, exécuta ce qu'elle contenait : on fit des noces splendides ; la fille du roi épousa l'enfant né coiffé ; et, comme il était beau et aimable, elle fut enchantée de vivre avec lui.

Quelque temps après, le roi revint dans son palais, et trouva que la prédiction était accomplie, et que l'enfant né coiffé avait épousé sa fille. « Comment cela s'est-il fait ? dit-il ; j'avais donné dans ma lettre un ordre tout différent. » La reine lui montra la lettre, et lui dit qu'il pouvait voir ce qu'elle contenait. Il la lut et vit bien qu'on avait changé la sienne.

Il demanda au jeune homme ce qu'était devenue la lettre qu'il lui avait confiée, et pourquoi il en avait remis une autre. « Je n'en sais rien, répliqua celui-ci ; il faut qu'on l'ait changée la nuit, quand j'ai couché dans la forêt. »

Le roi en colère lui dit : « Cela ne se passera pas ainsi. Celui qui prétend à ma fille doit me rapporter de l'enfer trois cheveux d'or de la tête du diable. Rapporte-les moi, et ma fille t'appartiendra. » Le roi espérait bien qu'il ne reviendrait jamais d'une pareille commission.

Le jeune homme répondit : « Le diable ne me fait pas peur ; j'irai chercher les trois cheveux d'or. » Et il prit congé du roi et se mit en route.

Il arriva devant une grande ville. A la porte, la sentinelle lui demanda quel était son état et ce qu'il savait :

« Tout, répondit-il.

— Alors, dit la sentinelle, rends-nous le service de nous apprendre pourquoi la fontaine de notre marché, qui nous donnait toujours du vin, s'est desséchée et ne fournit même plus d'eau.

— Attendez, répondit-il, je vous le dirai à mon retour. »

Plus loin, il arriva devant une autre ville. La sentinelle de la porte lui demanda son état et ce qu'il savait.

« Tout, répondit-il.

— Rends-nous alors le service de nous apprendre pourquoi le grand arbre de notre ville, qui nous rapportait des pommes d'or, n'a plus même de feuilles.

— Attendez, répondit-il, je vous le dirai à mon retour. »

Plus loin encore il arriva devant une grande rivière qu'il s'agissait de passer. Le passager lui demanda son état et ce qu'il savait.

« Tout, répondit-il.

— Alors, dit le passager, rends-moi le service de

m'apprendre si je dois toujours rester à ce poste, sans jamais être relevé.

— Attends, répondit-il, je te le dirai à mon retour. »

De l'autre côté de l'eau, il trouva la bouche de l'enfer. Elle était noire et enfumée. Le diable n'était pas chez lui ; il n'y avait que son hôtesse, assise dans un large fauteuil. « Que demandes-tu ? lui dit-elle d'un ton assez doux.

— Il me faut trois cheveux d'or de la tête du diable, sans quoi je n'obtiendrai pas ma femme.

— C'est beaucoup demander, dit-elle, et, si le diable t'aperçoit quand il rentrera, tu passeras un mauvais quart d'heure. Cependant tu m'intéresses, et je vais tâcher de te venir en aide. »

Elle le changea en fourmi et lui dit : « Monte dans les plis de ma robe ; là tu seras en sûreté.

— Merci, répondit-il, voilà qui va bien ; mais j'aurais besoin en outre de savoir trois choses : pourquoi une fontaine qui versait toujours du vin ne fournit plus même d'eau ; pourquoi un arbre qui portait des pommes d'or n'a plus même de feuilles ; et si un certain passager doit toujours rester à son poste sans jamais être relevé.

— Ce sont trois questions difficiles, dit-elle ; mais tiens-toi bien tranquille, et sois attentif à ce que le diable dira quand je lui arracherai les trois cheveux d'or. »

Quand le soir arriva, le diable revint chez lui. A peine était-il entré qu'il remarqua une odeur extraordinaire. « Il y a du nouveau ici, dit-il ; je sens la chair humaine. » Et il alla fureter dans tous les coins, mais sans rien trouver. L'hôtesse lui chercha querelle : « Je viens de balayer et de ranger, dit-elle, et tu vas tout bouleverser ici, tu crois toujours sentir la chair humaine. Assieds-toi et mange ton souper. »

Quand il eut soupé, il était fatigué ; il posa sa tête sur les genoux de son hôtesse, et lui dit de lui chercher un peu les poux ; mais il ne tarda pas à s'endormir et à ronfler. La vieille saisit un cheveu d'or, l'arracha et le mit de côté. « Hé, s'écria le diable, qu'as-tu donc fait ?

— J'ai eu un mauvais rêve, dit l'hôtesse, et je t'ai pris par les cheveux.

— Qu'as-tu donc rêvé ? demanda le diable.

— J'ai rêvé que la fontaine d'un marché, qui versait toujours du vin, s'était arrêtée et qu'elle ne donnait plus même d'eau : quelle en peut être la cause ?

— Ah ! si on le savait ! répliqua le diable ; il y a un crapaud sous une pierre dans la fontaine ; on n'aurait qu'à le tuer, le vin recommencerait à couler. »

L'hôtesse se remit à lui chercher les poux ; il se rendormit et ronfla de façon à ébranler les vitres.

Alors elle lui arracha le second cheveu. « Heu! que fais-tu? s'écria le diable en colère.

— Ne t'inquiète pas, répondit-elle, c'est un rêve que j'ai fait.

— Qu'as-tu rêvé encore? demanda-t-il.

— J'ai rêvé que dans un pays il y a un arbre qui portait toujours des pommes d'or, et qui n'a plus même de feuilles : quelle en pourrait être la cause?

— Ah! si on le savait! répliqua le diable ; il y a une souris qui ronge la racine ; on n'aurait qu'à la tuer, il reviendrait des pommes d'or à l'arbre ; mais si elle continue à le ronger, l'arbre mourra tout à fait. Maintenant laisse-moi en repos avec tes rêves. Si tu me réveilles encore, je te donnerai un soufflet. »

L'hôtesse l'apaisa et se remit à lui chercher ses poux jusqu'à ce qu'il fût rendormi et ronflant. Alors elle saisit le troisième cheveu d'or et l'arracha. Le diable se leva en criant et voulait la battre ; elle le radoucit encore en disant : « Qui peut se garder d'un mauvais rêve?

— Qu'as-tu donc rêvé encore? demanda-t-il avec curiosité.

— J'ai rêvé d'un passager qui se plaignait de toujours passer l'eau avec sa barque, sans que personne le remplaçât jamais.

— Hé! le sot! répondit le diable : le premier

qui viendra pour passer la rivière, il n'a qu'à lui mettre sa rame à la main, il sera libre et l'autre sera obligé de faire le passager à son tour. »

Comme l'hôtesse lui avait arraché les trois cheveux d'or, et qu'elle avait tiré de lui les trois réponses, elle le laissa en repos, et il dormit jusqu'au matin.

Quand le diable eut quitté la maison, la vieille prit la fourmi dans les plis de sa robe et rendit au jeune homme sa figure humaine. « Voilà les trois cheveux, lui dit-elle; mais as-tu bien entendu les réponses du diable à tes questions?

— Très-bien, répondit-il, et je m'en souviendrai.

— Te voilà donc hors d'embarras, dit-elle, et tu peux reprendre ta route. »

Il remercia la vieille qui l'avait si bien aidé, et sortit de l'enfer, fort joyeux d'avoir si heureusement réussi.

Quand il arriva au passager, avant de lui donner la réponse promise, il se fit d'abord passer de l'autre côté, et alors il lui fit part du conseil donné par le diable : « Le premier qui viendra pour passer la rivière, tu n'as qu'à lui mettre ta rame à la main. »

Plus loin, il retrouva la ville à l'arbre stérile; la sentinelle attendait aussi sa réponse : « Tuez la souris qui ronge les racines, dit-il, et les pommes d'or reviendront. » La sentinelle, pour le remercier, lui donna deux ânes chargés d'or.

Enfin il parvint à la ville dont la fontaine était à sec. Il dit à la sentinelle : « Il y a un crapaud sous une pierre dans la fontaine ; cherchez-le et tuez-le; et le vin recommencera à couler en abondance. » La sentinelle le remercia et lui donna encore deux ânes chargés d'or.

Enfin, l'enfant né coiffé revint près de sa femme, qui se réjouit dans son cœur en le voyant de retour et en apprenant que tout s'était bien passé. Il remit au roi les trois cheveux d'or du diable. Celui-ci, en apercevant les quatre ânes chargés d'or, fut grandement satisfait et lui dit : « Maintenant toutes les conditions sont remplies, et ma fille est à toi. Mais, mon cher gendre, dis-moi d'où te vient tant d'or, car c'est un trésor énorme que tu rapportes.

— Je l'ai pris, dit-il, de l'autre côté d'une rivière que j'ai traversée ; c'est le sable du rivage.

— Pourrais-je m'en procurer autant? lui demanda le roi, qui était un avare.

— Tant que vous voudrez, répondit-il, vous trouverez un passager, adressez-vous à lui pour passer l'eau, et vous pourrez remplir vos sacs. »

L'avide monarque se mit aussitôt en route, et, arrivé au bord de l'eau, il fit signe au passager de lui amener sa barque. Le passager le fit entrer, et, quand ils furent à l'autre bord, il lui mit la rame à la main et sauta dehors. Le roi devint ainsi passager en punition de ses péchés.

« L'est-il encore?

— Eh! sans doute, puisque personne ne lui a repris la rame. »

TOM POUCE.

Un pauvre laboureur était assis un soir au coin de son feu, pendant que sa femme filait à côté de lui. Il disait : « C'est un grand chagrin pour nous de ne pas avoir d'enfants. Quel silence chez nous, tandis que chez les autres tout est si gai et si bruyant !

— Oui, répondit sa femme en soupirant, dussions-nous n'en avoir qu'un seul, pas plus gros que le pouce, je m'en contenterais, et nous l'aimerions de tout notre cœur. »

La femme, sur ces entrefaites, devint souffrante, et, au bout de sept mois, elle mit au monde un enfant bien constitué dans tous ses membres, mais qui n'avait qu'un pouce de haut. Elle dit : « Le voilà tel que nous l'avons souhaité ; il n'en sera pas moins notre cher fils. » Et à cause de sa taille ses parents le nommèrent Tom Pouce. Ils le nourrirent aussi bien que possible ; mais il ne grandit pas et resta tel qu'il avait été à sa naissance. Cependant il paraissait avoir de l'esprit ; ses yeux étaient intelligents, et il montra bientôt dans sa petite personne de l'adresse et de l'activité pour mener à bien ce qu'il entreprenait.

Le paysan s'apprêtait un jour à aller abattre du bois dans la forêt, et il se disait à lui-même : « Je voudrais bien avoir quelqu'un pour conduire ma charrette.

— Père, s'écria Tom Pouce, je vais la conduire, moi ; soyez tranquille, elle arrivera à temps. »

L'homme se mit à rire : « Cela ne se peut pas, dit-il ; tu es bien trop petit pour conduire le cheval par la bride !

— Ça ne fait rien, père ; si maman veut atteler, je me mettrai dans l'oreille du cheval, et je lui crierai où il faudra qu'il aille.

— Eh bien, répondit le père, essayons. »

La mère attela le cheval et mit Tom Pouce dans son oreille, et le petit homme lui criait le chemin qu'il fallait prendre : « Hue, dia ! » si bien que le cheval marcha comme s'il avait eu un vrai charretier ; et la charrette fut menée au bois par la bonne route.

Pendant que l'équipage tournait au coin d'une haie, et que le petit bonhomme criait « Dia ! dia ! » il passa par là deux étrangers. « Grand Dieu ! s'écria l'un d'eux, qu'est cela ? Voilà une charrette qui marche ; on entend la voix du charretier et on ne voit personne.

— Il y a quelque chose de louche là-dessous, dit l'autre ; il faut suivre cette charrette et voir où elle s'arrêtera. »

Elle continua sa route et s'arrêta dans la forêt, juste à la place où il y avait du bois abattu. Quand Tom Pouce aperçut son père il lui cria : « Vois-tu, père, que j'ai bien mené la charrette ? Maintenant, fais-moi descendre. »

Le père, saisissant la bride d'une main, prit de l'autre son fils dans l'oreille du cheval et le déposa par terre ; le petit s'assit joyeusement sur un fétu.

Les deux étrangers, en apercevant Tom Pouce, ne savaient que penser, tant ils étaient étonnés. L'un d'eux prit l'autre à part et lui dit : « Ce petit drôle pourrait faire notre fortune, si nous le faisions voir pour de l'argent dans quelque ville ; il faut l'acheter. » Ils allèrent trouver le paysan et lui dirent : « Vendez-nous ce petit nain ; nous en aurons bien soin.

— Non, répondit le père ; c'est mon enfant, il n'est pas à vendre pour tout l'or du monde. »

Mais Tom Pouce, en entendant la conversation, avait grimpé dans les plis des vêtements de son père ; il lui monta jusque sur l'épaule, et de là lui souffla dans l'oreille : « Père, livrez-moi à ces gens-là, je serai bientôt de retour. » Son père le donna donc aux deux hommes pour une belle pièce d'or.

« Où veux-tu te mettre? lui dirent-ils.

— Ah! mettez-moi sur le bord de votre chapeau, je pourrai me promener et voir le paysage, et j'aurai bien soin de ne pas tomber. »

Ils firent comme il voulait, et, quand Tom Pouce

eut dit adieu à son père, ils s'en allèrent avec lui et marchèrent ainsi jusqu'au soir; alors le petit homme leur cria : « Arrêtez, j'ai besoin de descendre.

— Reste sur mon chapeau, dit l'homme qui le

portait ; peu m'importe ce que tu feras, les oiseaux m'en font plus d'une fois autant.

— Non pas, non pas, dit Tom Pouce ; mettez-moi en bas bien vite. »

L'homme le prit et le posa par terre, dans un champ près de la route ; il courut un instant parmi les mottes de terre, et tout d'un coup il se plongea dans un trou de souris qu'il avait cherché exprès. « Bonsoir, messieurs, partez sans moi, » leur cria-t-il en riant. Ils voulurent le rattraper en fourrageant le trou de souris avec des baguettes, mais ce fut peine perdue : Tom s'enfonçait toujours plus avant, et la nuit étant tout à fait venue, ils furent obligés de rentrer chez eux en colère et les mains vides.

Quand ils furent loin, Tom Pouce sortit de son souterrain. Il craignait de se risquer de nuit en plein champ, car une jambe est bientôt cassée. Heureusement il rencontra une coque vide de limaçon. « Dieu soit loué ! dit-il, je passerai ma nuit en sûreté là dedans ; » et il s'y établit.

Comme il allait s'endormir, il entendit deux hommes qui passaient, et l'un disait à l'autre : « Comment nous y prendrions-nous pour voler à ce riche curé son or et son argent ?

— Je vous le dirai bien, leur cria Tom Pouce.

— Qu'y a-t-il ? s'écria un des voleurs effrayés ; j'ai entendu quelqu'un parler. »

Ils restaient à écouter, quand Tom leur cria de nouveau : « Prenez-moi avec vous, je vous aiderai.

— Où es-tu donc ?

— Cherchez par terre, du côté d'où vient la voix. »

Les voleurs finirent par le trouver. « Petit extrait d'homme, lui dirent-ils, comment veux-tu nous être utile ?

— Voyez, répondit-il ; je me glisserai entre les barreaux de la fenêtre dans la chambre du curé, et je vous passerai tout ce que vous voudrez.

— Eh bien, soit, dirent-ils, nous allons te mettre à l'épreuve ! »

Quand ils furent arrivés au presbytère, Tom Pouce se glissa dans la chambre, puis il se mit à crier de toutes ses forces : « Voulez-vous tout ce qui est ici ? » Les voleurs effrayés lui dirent : « Parle plus bas, tu vas réveiller la maison. » Mais, faisant comme s'il ne les avait pas entendus, il cria de nouveau : « Qu'est-ce que vous voulez ? voulez-vous tout ce qui est ici ? » La servante, qui couchait dans la chambre à côté, entendit ce bruit ; elle se leva sur son séant et prêta l'oreille. Les voleurs avaient battu en retraite ; enfin ils reprirent courage, et croyant seulement que le petit drôle voulait s'amuser à leurs dépens, ils revinrent sur leurs pas et lui dirent tout bas : « Plus de plaisanterie ; passe-nous quelque chose. » Alors Tom se mit à crier encore du haut de sa tête : « Je vais vous donner tout ; tendez les mains. »

Cette fois la servante entendit bien clairement ; elle sauta du lit et courut à la porte. Les voleurs voyant cela s'enfuirent comme si le diable eût été à leurs trousses ; la servante, n'entendant plus rien, alla allumer une chandelle. Quand elle revint, Tom Pouce, sans être vu, fut se cacher dans le grenier au foin. La servante, après avoir fureté dans tous les coins sans rien découvrir, alla se remettre au lit et crut qu'elle avait rêvé.

Tom Pouce était monté dans le foin et s'y était arrangé un joli petit lit : il comptait s'y reposer jusqu'au jour et ensuite retourner chez ses parents. Mais il devait subir bien d'autres épreuves encore : tant on a de mal dans ce monde ! La servante se leva dès l'aurore pour donner à manger au bétail. Sa première visite fut pour le grenier au fourrage, où elle prit une brassée de foin, avec le pauvre Tom endormi dedans. Il dormait si fort qu'il ne s'aperçut de rien et ne s'éveilla que dans la bouche d'une vache, qui l'avait pris avec une poignée de foin. Il se crut d'abord tombé dans un moulin à foulon, mais il comprit bientôt où il était réellement. Tout en évitant de se laisser broyer entre les dents, il finit par glisser dans la gorge et dans la panse. L'appartement lui semblait étroit, sans fenêtre, et on n'y voyait ni soleil ni chandelle. Le séjour lui en déplaisait fort, et ce qui compliquait encore sa situation, c'est qu'il descendait toujours de nouveau foin et que l'espace devenait de plus en plus étroit. Enfin, dans sa terreur, Tom s'écria le plus haut qu'il put : « Plus de fourrage, plus de fourrage, je n'en veux plus ! »

La servante était justement occupée à ce moment à traire la vache ; cette voix, qu'elle entendait sans voir personne et qu'elle reconnaissait pour celle qui l'avait déjà éveillée pendant la nuit, l'effraya tellement, qu'elle se jeta en bas de son tabouret en répandant son lait. Elle alla en toute hâte trouver son maître et lui cria: « Ah! grand Dieu! monsieur le curé, la vache qui parle!

— Tu es folle, » répondit le prêtre, et cependant il alla lui-même dans l'étable pour s'assurer de ce qui s'y passait.

A peine y avait-il mis le pied, que Tom Pouce s'écria de nouveau: « Plus de fourrage, je n'en veux plus ! » La frayeur gagna le curé à son tour, et, s'imaginant qu'il y avait un diable dans le corps de la vache, il dit qu'il fallait la tuer. On l'abattit, et la panse, dans laquelle le pauvre Tom était prisonnier, fut jetée sur le fumier.

Le petit eut grand'peine à se démêler de là, et il commençait à passer la tête dehors, quand un nouveau malheur l'assaillit. Un loup affamé se jeta sur la panse de la vache et l'avala d'un seul coup.

Tom Pouce ne perdit pas courage. « Peut-être, pensa-t-il, que ce loup sera traitable. » Et de son ventre, où il était enfermé, il lui cria : « Cher ami loup, je veux t'enseigner un bon repas à faire.

— Et où cela? dit le loup.

— Dans telle et telle maison ; tu n'as qu'à te glisser par l'égout de la cuisine, tu trouveras des gâteaux, du lard, des saucisses à bouche que veux-tu. » Et il lui désigna très-exactement la maison de son père.

Le loup ne se le fit pas dire deux fois ; il s'introduisit dans la cuisine et s'en donna à cœur-joie aux dépens des provisions. Mais quand il fut repu et qu'il fallut sortir, il était tellement gonflé de nourriture, qu'il ne put venir à bout de repasser par l'égout. Tom, qui avait compté là-dessus, commença à faire un bruit terrible dans le corps du loup, en sautant et en criant de toutes ses forces. « Veux-tu te tenir en repos ? dit le loup ; tu vas réveiller tout le monde !

— Eh bien ! quoi, répondit le petit homme, tu t'es régalé, je veux m'amuser aussi, moi. » Et il se remit à crier tant qu'il pouvait.

Il finit par éveiller ses parents, qui accoururent et regardèrent dans la cuisine à travers la serrure. Quand ils virent qu'il y avait un loup, ils s'armèrent, l'homme de sa hache et la femme d'une faux.

« Reste derrière, dit l'homme à sa femme quand ils

entrèrent dans la chambre ; je vais le frapper de ma hache, et si je ne le tue pas du coup, tu lui couperas le ventre. »

Tom Pouce, qui entendait la voix de son père, se mit à crier : « C'est moi, cher père, je suis dans le ventre du loup.

— Dieu merci, dit le père plein de joie, notre cher enfant est retrouvé. » Et il ordonna à sa femme de mettre la faux de côté pour ne pas blesser leur fils. Puis levant sa hache, d'un coup sur la tête il étendit mort le loup, et ensuite, avec un couteau et des ciseaux, il lui ouvrit le ventre et en tira le petit Tom. « Ah ! dit-il, que nous avons été inquiets de ton sort !

— Oui, père, j'ai beaucoup couru le monde ; heureusement me voici rendu à la lumière.

— Où as-tu donc été ?

— Ah ! père, j'ai été dans un trou de souris, dans la panse d'une vache et dans le ventre d'un loup. Maintenant je reste avec vous.

— Et nous ne te revendrions pas pour tout l'or du monde, » dirent ses parents en l'embrassant et en le serrant contre leur cœur.

Ils lui donnèrent à manger et lui firent faire d'autres habits, parce que les siens avaient été gâtés pendant son voyage.

LA TABLE, L'ANE ET LE BATON MERVEILLEUX.

Il était une fois un tailleur qui avait trois fils et une chèvre. Comme la chèvre nourrissait toute la famille de son lait, il fallait lui donner de bon fourrage et la mener paître dehors tous les jours. C'était la besogne des fils, chacun à son tour. Un jour l'aîné la mena au cimetière, où il y avait de l'herbe magnifique, qu'elle brouta à son aise avec force gambades. Le soir, quand il fut temps de rentrer, il lui demanda : « La bique, es-tu repue ? » Elle répondit :

>   Je suis bourrée,
>   Rassasiée,
>   Bé bée !

« Rentrons donc, » dit le jeune homme ; et la prenant par sa longe il la mena à l'étable, où il l'attacha solidement. « Eh bien ! dit le vieux tailleur, la chèvre a-t-elle tout ce qu'il lui faut ?

— Oh ! dit le fils, elle est bourrée et rassasiée. »

Mais le père, voulant s'en assurer par lui-même, alla dans l'étable et se mit à caresser la chère bique en lui disant : « Biquette, es-tu bien repue ? » Elle répondit :

> Comment aurais-je pu manger ?
> Sur les tombeaux je n'ai fait que sauter,
> Sans voir un brin d'herbe à brouter.
> Bé bé !

« Qu'est-ce que j'entends ! » s'écria le tailleur ; et sortant de l'étable il apostropha son fils aîné :

« Ah ! menteur ! tu m'as dit que la chèvre était rassasiée et tu l'as laissée jeûner. » Dans sa colère, il prit son aune et le chassa en lui en donnant de grands coups.

Le lendemain, c'était le tour du second fils. Il chercha, le long de la haie du jardin, une place bien garnie de bonne herbe ; et la chèvre la tondit jusqu'au dernier brin. Le soir, quand il s'agit de rentrer, il lui demanda : « La bique, es-tu repue ? » Elle répondit :

> Je suis bourrée,
> Rassasiée,
> Bé bée !

« Rentrons donc, » dit le jeune homme ; et il la mena à l'étable, où il l'attacha solidement.

« Eh bien ! dit le vieux tailleur, la chèvre a-t-elle tout ce qu'il lui faut ?

— Oh! dit le fils, elle est bourrée et rassasiée. »

Le tailleur, qui voulait voir les choses par lui-même, alla dans l'étable et demanda : « Biquette, est-tu bien repue? » Elle répondit :

> Comment aurais-je pu manger ?
> Sur les fossés je n'ai fait que sauter,
> Sans voir un brin d'herbe à brouter,
> Bé bé !

« Le misérable! s'écria le tailleur; laisser jeûner une si douce bête ! » Et à grands coups d'aune, il mit encore son second fils à la porte.

Le lendemain, ce fut le tour du dernier fils, qui, pour bien faire les choses, chercha des taillis garnis de belles feuilles, et mit la chèvre à brouter à même. Le soir, quand il s'agit de rentrer, il lui demanda : « La bique, es-tu repue? » Elle répondit :

> Je suis bourrée,
> Rassasiée,
> Bé bée !

« Rentrons donc, » dit le jeune homme; et il la mena à l'étable où il l'attacha solidement.

« Eh bien! dit le vieux tailleur, la chèvre a-t-elle tout ce qu'il lui faut?

— Oh! dit le fils, elle est bourrée et rassasiée. »

Mais le tailleur, qui n'avait plus de confiance,

alla à l'étable et demanda : « Biquette, est-tu bien repue ? » La méchante bête répondit :

> Comment aurais-je pu manger ?
> Parmi les champs je n'ai fait que sauter,
> Sans voir un brin d'herbe à brouter,
> Bé bé !

« L'engeance de menteurs ! s'écria le père ; aussi fourbes et aussi dénaturés les uns que les autres ! Mais je ne serai plus leur dupe ! » Et, hors de lui de colère, il rossa son dernier fils à grands coups d'aune, si violemment que le jeune homme se sauva à son tour de la maison.

Le vieux tailleur restait désormais tout seul avec sa chèvre. Le lendemain il alla dans l'étable et se mit à la caresser en disant : « Viens, chère biquette, je vais te mener paître moi-même. » Il la prit par sa longe et la conduisit le long des haies vertes, aux places où poussait l'herbe à mille feuilles et aux autres endroits qui plaisent aux chèvres. « Cette fois, lui dit-il, tu peux t'en donner à cœur-joie. » Et il la laissa paître jusqu'au soir. Alors il lui demanda : « La bique, es-tu repue ? » Elle répondit :

> Je suis bourrée,
> Rassasiée,
> Bé bée !

« Rentrons donc, » dit le tailleur ; et il la mena à l'étable, où il l'attacha solidement. En sortant, il se retourna encore pour lui répéter : « Cette fois tu es bien repue ? » Mais la chèvre ne le reçut pas mieux que les autres ; elle lui répondit :

> Comment aurais-je pu manger ?
> De tout le jour je n'ai fait que sauter,
> Sans voir un brin d'herbe à brouter,
> Bé bé !

Le tailleur, en entendant cela, fut bien surpris ; il reconnut qu'il avait chassé ses fils injustement. « Attends, dit-il, ingrate créature ! ce serait trop peu de te chasser aussi ; je veux te marquer de telle sorte que tu n'oseras jamais te montrer devant d'honnêtes tailleurs. » Et en un instant il saisit son rasoir, savonna la tête de la chèvre et la rasa nue comme la main. Et comme l'aune lui aurait fait trop d'honneur, il prit le fouet, et lui en donna de telles cinglées qu'elle s'enfuit en faisant des sauts prodigieux.

Le tailleur, se trouvant tout seul chez lui, tomba dans un grand chagrin. Il aurait bien voulu rappeler ses fils ; mais personne ne savait ce qu'ils étaient devenus.

L'aîné s'était mis en apprentissage chez un menuisier. Il apprit le métier avec ardeur, et, quand il eut atteint l'âge voulu pour faire sa tournée, son maître lui fit présent d'une petite table en bois commun et sans apparence, mais douée d'une précieuse propriété. Quand on la posait devant soi et qu'on disait : « Table, couvre-toi, » elle se couvrait à l'instant même d'une jolie nappe en toile bien blanche, avec une assiette, un couteau et une fourchette, des plats remplis de mets de toute sorte, autant qu'il y avait de place, et un grand verre plein d'un vin vermeil qui réjouissait le cœur. Le jeune compagnon se crut riche pour le reste de ses jours, et se mit à courir le monde à sa fantaisie, sans s'inquiéter si les auberges étaient bonnes ou mauvaises et s'il y trouverait ou non de quoi dîner. Et même, quand l'envie lui en prenait, il n'entrait nulle part, mais en plein champ, dans un bois, dans une prairie, il posait sa table devant lui, et en lui disant seulement : « Couvre-toi, » il était servi au même moment.

Il eut enfin l'idée de retourner chez son père, espérant qu'il trouverait sa colère apaisée et qu'avec la table merveilleuse il serait bien reçu. Sur sa route, il entra un soir dans une auberge qui était pleine de voyageurs ; ils lui souhaitèrent la bienvenue et l'invitèrent à se mettre à table avec eux, parce qu'autrement il aurait bien de la peine à trouver de quoi manger : « Non, répondit-il, je ne veux pas de votre écot, mais je vous invite à prendre part au mien. »

Ils se mirent à rire, croyant qu'il voulait plaisanter ; cependant il dressa sa table au milieu de la salle et dit : « Table, couvre-toi. » Aussitôt elle fut couverte de mets comme il n'en était jamais sorti de la cuisine de l'auberge, et dont le fumet chatouillait agréablement l'odorat des convives. « Allons, messieurs, s'écria-t-il, à table! » Voyant de quoi il s'agissait, ils ne se firent pas prier, et, le couteau à la main, ils se mirent à fonctionner bravement. Ce qui les étonnait le plus, c'était qu'à mesure qu'un plat était vide, un autre tout plein le remplaçait à l'instant. L'hôte était dans un coin et voyait tout cela sans savoir qu'en penser ; seulement il se disait qu'un pareil cuisinier lui serait fort utile dans son auberge.

Le menuisier et sa compagnie passèrent joyeusement une partie de la nuit ; à la fin ils allèrent se coucher, et le jeune homme, en se mettant au lit, posa près du mur sa table merveilleuse. Mais l'hôte avait des pensées qui l'empêchaient de dormir ; il se souvint qu'il y avait dans son grenier une vieille table toute pareille ; il alla la chercher sans bruit et la mit à la place de l'autre. Le lendemain, le menuisier, après avoir payé pour la nuit qu'il avait passée, prit la table sans s'apercevoir de la substitution et continua son chemin.

A midi, il arriva chez son père, qui le reçut avec une grande joie. « Eh bien, mon cher fils, lui demanda-t-il, qu'as-tu appris?

— L'état de menuisier, mon père.

— C'est un bon métier, répliqua le vieillard; mais qu'as-tu rapporté de ta tournée?

— Père, la meilleure pièce de mon sac, c'est cette petite table. »

Le tailleur la considéra de tous côtés et lui dit : « Si c'est là ton chef-d'œuvre, il n'est pas magnifique; c'est un vieux meuble qui ne tient pas debout.

— Mais, répondit le fils, c'est une table magique; quand je lui ordonne de se couvrir, elle se garnit des plats les plus excellents, avec du vin à réjouir le cœur. Allez inviter tous nos parents et amis à venir se régaler; la table les rassasiera tous. »

Quand la compagnie fut réunie, il posa sa table au milieu de la chambre et lui dit : « Table, couvre-toi. » Mais elle n'entendit pas ses ordres et resta vide comme une table ordinaire. Alors le pauvre garçon s'aperçut qu'on l'avait changée, et resta honteux comme un menteur pris sur le fait. Les parents se moquèrent de lui et s'en retournèrent chez eux sans avoir bu ni mangé. Le père reprit son aiguille et son dé, et le fils se mit en condition chez un maître menuisier.

Le second fils était entré en apprentissage chez un meunier. Quand il eut fini son temps, son maître lui dit : « Pour te récompenser de ta bonne conduite, je te veux donner un âne. Il est d'une espèce particulière, et ne supporte ni le bât ni l'attelage.

— A quoi donc est-il bon? demanda le jeune homme.

— Il produit de l'or, répondit le meunier ; tu n'as qu'à le faire avancer sur un drap étendu, et qu'à prononcer *bricklebrit ;* la bonne bête te fera de l'or, par devant et par derrière.

— Voilà un merveilleux animal, » dit le jeune homme.

Il remercia son maître et se mit à courir le monde. Quand il avait besoin d'argent, il n'avait qu'à dire à son âne *bricklebrit :* les pièces d'or pleuvaient sans lui donner d'autre peine que celle de les ramasser. Partout où il allait, le meilleur n'était pas trop bon pour lui et le plus cher était son lot, car il avait toujours la bourse pleine.

Après avoir voyagé quelque temps, il pensa que la colère de son père devait être apaisée, qu'il pouvait l'aller retrouver et qu'avec son âne il en serait bien reçu. Il entra dans la même auberge où son frère avait déjà perdu sa table. Il menait son âne en laisse ; l'hôte voulut le prendre et l'attacher, mais le jeune homme lui dit : « Ne vous donnez pas cette peine, je vais moi-même attacher mon grison à l'écurie, parce que je veux toujours savoir où il est. »

L'hôte, assez surpris, supposait qu'un compagnon qui voulait soigner lui-même son âne n'allait pas faire grande dépense. Mais quand l'étranger, mettant la main à la poche, en eut tiré deux pièces d'or et lui eut recommandé de lui servir du bon, il ouvrit de grands yeux et se mit à chercher ce qu'il avait de meilleur. Après dîner, le voyageur demanda ce qu'il devait ; l'hôte n'épargna rien pour grossir la note, et répondit qu'il lui fallait encore deux pièces d'or. Le jeune homme fouilla à sa poche, mais elle était vide. « Attendez un instant, dit-il, je vais chercher de l'argent ; » et il sortit en prenant la nappe avec lui.

L'hôte ne comprenait rien à ce que cela voulait dire, mais il était curieux ; il suivit le voyageur, et, quand celui-ci eut verrouillé derrière lui la porte de l'écurie, il y regarda par une fente. L'étranger étendit la nappe sous l'âne, prononça *bricklebrit*, et aussitôt la bête fit tomber de l'or par devant et par derrière ; il en pleuvait.

« Malpeste, se dit l'hôte, des ducats tout neufs! Un pareil trésor n'est pas pour faire tort à son maître! »

Le jeune homme paya sa dépense et alla se coucher : mais l'aubergiste se glissant la nuit dans l'écurie, enleva le grison qui battait monnaie, et en mit un autre à sa place.

Le lendemain matin, le jeune homme prit l'âne et se remit en route, croyant bien que c'était sa bête magique. A midi il arriva chez son père qui se réjouit de le revoir et le reçut à bras ouverts. « Qu'es-tu devenu, mon fils? demanda le vieillard.

— Je suis meunier, cher père, répondit-il.

— Que rapportes-tu de ta tournée?

— Rien qu'un âne.

— Il y a bien assez d'ânes chez nous, dit le père, tu aurais mieux fait de nous ramener une bonne chèvre.

— Mais, reprit le fils, ce n'est pas une bête comme une autre; c'est un âne magique. Je n'ai qu'à dire *bricklebrit*, et aussitôt il en tombe des pièces d'or de quoi remplir un drap; faites venir tous nos parents, je vais les enrichir tous d'un seul coup.

— Voilà qui me plaît, dit le tailleur; je ne me fatiguerai plus à tirer l'aiguille; » et il alla bien vite chercher toute sa parenté.

Dès qu'ils furent réunis, le meunier se fit faire

place, étendit un drap et amena son âne au-dessus. « Maintenant, dit-il, attention ! *bricklebrit*. » Mais l'âne n'entendait rien à la magie, et ce qu'il fit tomber sur le drap ne ressemblait guère à des pièces d'or. Le pauvre meunier vit qu'on l'avait volé, et, faisant bien triste mine, il demanda pardon à ses parents qui s'en retournèrent chez eux aussi gueux qu'ils étaient venus. Son père fut obligé de reprendre son aiguille; pour lui, il se plaça comme domestique dans un moulin.

Le troisième frère s'était mis en apprentissage chez un tourneur, et, comme le métier est difficile, il y resta plus longtemps que ses deux aînés. Ils lui mandèrent dans une lettre les malheurs qui leur étaient arrivés, et comment l'aubergiste leur avait volé les dons magiques dont ils étaient possesseurs. Quand le tourneur eut fini son apprentissage et que le temps de voyager fut venu, son maître, pour le récompenser de sa bonne conduite, lui donna un sac dans lequel il y avait un gros bâton.

« Le sac peut bien me servir, dit-il, je le mettrai sur mes épaules; mais à quoi bon ce bâton? il ne fait que l'allourdir.

— Je vais t'apprendre son usage, répondit le maître; si quelques gens te font du mal, tu n'as qu'à dire ces mots : « Bâton, hors du sac ! » aussitôt le bâton leur sautera aux épaules, et les travaillera si vigoureusement que de huit jours ils ne pourront plus remuer. Le jeu ne cessera que quand tu auras dit : « Bâton, dans le sac ! »

Le compagnon remercia son maître et se mit en route avec le sac ; si quelqu'un l'approchait de trop près et voulait le toucher, il n'avait qu'à dire : « Bâton, hors du sac ! » aussitôt le gourdin de battre les habits des gens sans qu'ils eussent le temps de les ôter, et le tour se faisait si vite que chacun y passait avant d'avoir vu par où.

Un soir il arriva à l'auberge où ses frères avaient été dépouillés. Il posa son havre-sac devant lui sur la table et se mit à raconter tout ce qu'il avait vu de curieux dans le monde. « Oui, disait-il on trouve des tables qui servent toutes seules à dîner, des ânes qui font de l'or, et autres semblables belles choses que je suis loin de mépriser ; mais tout cela n'est rien à côté du trésor que je porte dans mon sac.

L'hôte dressait les oreilles. « Qu'est-ce que cela peut être, pensait-il ; sans doute son sac est plein de pierres précieuses. Je voudrais bien le réunir à l'âne et à la table, car toutes les bonnes choses vont par trois. »

Lorsqu'on se coucha, le jeune homme s'étendit sur un banc et mit son sac sous sa tête en guise d'oreiller. Quand l'aubergiste le crut bien endormi, il s'approcha de lui tout doucement et se mit à tirer légèrement sur le sac pour essayer s'il pourrait l'enlever et en mettre un autre à la place.

Mais le tourneur le guettait depuis longtemps, et, au moment où le voleur donnait une forte secousse, il s'écria : « Bâton, hors du sac! » et aussitôt le bâton de sauter au dos du fripon, et de rabattre comme il faut les coutures de son habit. Le malheureux demandait pardon, miséricorde; mais, plus il criait, plus le bâton lui daubait les épaules, si bien qu'enfin il tomba épuisé par terre. Alors le tourneur lui dit : « Si tu ne me rends pas à l'instant la table et l'âne, la danse va recommencer.

— Oh! non, s'écria l'hôte d'une voix faible, je rendrai tout; fais seulement rentrer dans le sac ce diable maudit.

— Ce serait pourtant justice de recommencer, dit le compagnon, mais je te fais grâce si tu t'exécutes. » Puis il ajouta : « Bâton, dans le sac! » et le laissa en repos.

Le tourneur arriva le lendemain chez son père avec la table et l'âne. Le tailleur se réjouit de le revoir et lui demanda ce qu'il avait appris.

— Cher père, répondit-il, je suis devenu tourneur.

— Bel état, dit le père; et qu'as-tu rapporté de tes voyages?

— Une belle pièce, cher père : un bâton dans un sac.

— Un bâton! s'écria le père; c'était bien la peine! Il y en a autant dans tous les bois.

— Mais pas comme le mien, cher père; quand je lui dis : « Bâton, hors du sac! » il s'élance sur ceux qui me veulent du mal et les rosse jusqu'à ce qu'ils en tombent par terre en criant grâce. Avec ce gourdin-là, voyez-vous, j'ai recouvré la table et l'âne que ce voleur d'hôte avait dérobés à mes frères. Faites-les venir tous les deux et allez inviter tous nos parents, je veux les régaler et remplir leurs poches. »

Le vieux tailleur alla chercher les parents, bien qu'il n'eût plus grande confiance. Le tourneur étendit un drap dans la chambre, y amena l'âne et invita son frère à prononcer les paroles sacramentelles. Le meunier dit : *bricklebrit*, et aussitôt les pièces d'or de tomber dru comme grêle, et la pluie ne cessa que quand chacun en eut plus qu'il n'en pouvait porter. (Vous auriez bien voulu être là, ami lecteur.) Ensuite le tourneur prit la table et dit à son frère le menuisier : « A ton tour, maintenant. » A peine celui-ci eut-il prononcé : « Table, couvre-toi, » qu'elle fut servie et couverte des plats les plus appétissants. Il y eut alors un festin comme jamais le vieillard n'en avait vu dans sa maison, et toute la compagnie resta réunie et en fête jusqu'à la nuit. Le tailleur serra précieusement dans une armoire son aiguille, son dé, son aune et son carreau, et vécut en paix et en joie avec ses trois fils.

Mais qu'était devenue la chèvre, qui était cause que le tailleur avait chassé ses trois fils de chez lui ? Je vais vous le conter.

Comme elle était honteuse de sa tête pelée, elle courut se cacher dans un terrier de renard. Le renard, en rentrant chez lui, aperçut dans l'obscurité deux grands yeux qui étincelaient comme des charbons ardents ; la peur le prit et il s'enfuit. L'ours qui le rencontra, voyant son trouble, lui dit : « Qu'y a-t-il donc, frère Renard ? d'où te vient cet air effaré ?

— Ah ! répondit l'autre, il y a au fond de mon terrier un monstre épouvantable, qui m'a regardé avec des yeux enflammés.

— Nous l'aurons bientôt chassé, » dit l'ours ; et il alla regarder aussi au fond du terrier ; mais, quand il eut vu ces terribles yeux, la peur le gagna aussi et, pour éviter d'avoir affaire au monstre, il s'enfuit au plus vite.

L'abeille le rencontra et, s'apercevant qu'il n'avait pas l'air trop rassuré dans sa peau, elle lui dit : « Eh ! compère, tu fais bien triste mine : qu'est devenue cette gaieté ?

— C'est bien dit, répondit l'ours ; mais il y a dans le terrier du renard un monstre aux regards terribles, que nous ne pouvons faire déloger. »

L'abeille répliqua : « Tu me fais pitié, grand sire ; je ne suis qu'une faible créature, que tu ne daignes pas regarder sur ton chemin; mais cependant je crois que je pourrai t'être utile. »

Elle vola dans le terrier, se posa sur la tête rasée de la chèvre et la piqua si fortement que la bique ne put s'empêcher de crier *bé bée!* et de s'élancer dans le bois comme une frénétique. Et depuis ce temps-là personne ne sait ce qu'elle est devenue.

LES SIX COMPAGNONS
QUI VIENNENT A BOUT DE TOUT.

Il y avait une fois un homme qui était habile à tous les métiers; il se fit soldat et servit bravement; mais, quand la guerre fut finie, il reçut son congé avec trois deniers de frais de route pour regagner ses foyers. Tout cela ne lui convenait pas, et il se promit bien, s'il trouvait seulement des compagnons, de forcer le roi à lui donner tous les trésors de son royaume.

Il prit, tout en colère, le chemin de la forêt, et là il vit un homme qui venait de déraciner six grands arbres avec la main, comme si ce n'eût été que des brins d'herbe. Il lui demanda : « Veux-tu me suivre et être mon serviteur !

— Volontiers, dit l'autre; mais d'abord il faut que je porte à ma mère ce petit fagot. »

Et prenant un des arbres, il en fit un lien autour des cinq autres, mit le fagot sur son épaule et l'emporta ainsi. Ensuite il revint trouver son maître, qui lui dit : « A nous deux, nous viendrons à bout de tout. »

A quelque distance de là, ils rencontrèrent un chasseur qui était à genoux et qui tenait sa carabine en joue. Le soldat lui demanda : « Chasseur, que vises-tu donc ainsi ? »

Il répondit : « Il y a une mouche posée à deux lieues d'ici sur une branche de chêne ; je veux lui mettre du plomb dans l'œil gauche.

— Oh ! viens avec moi, dit le soldat ; à nous trois, nous viendrons à bout de tout. »

Le chasseur le suivit et ils arrivèrent devant sept moulins à vent qui tournaient avec rapidité ; cependant on ne sentait pas un souffle de vent à droite ni à gauche, et aucune feuille ne remuait. Le soldat dit : « Je ne conçois pas comment ces moulins peuvent marcher ; l'air est entièrement immobile. »

A deux lieues plus loin ils virent un homme qui était monté dans un arbre ; il tenait une de ses narines bouchée, et de l'autre il soufflait.

« Que diable souffles-tu là-haut ? lui demanda le soldat.

— A deux lieues d'ici, répondit-il, il y a sept moulins à vent ; comme vous voyez, je souffle pour les faire tourner.

— Oh ! viens avec moi, dit le soldat ; à nous quatre, nous viendrons à bout de tout. »

Le souffleur descendit de son arbre et les accompagna. Au bout de quelque temps ils virent un homme qui se tenait sur une seule jambe; il avait décroché l'autre et l'avait posée à côté de lui.

« En voilà un, dit le soldat, qui veut se reposer à coup sûr.

— Je suis coureur, répondit l'autre, et, pour ne pas aller trop vite, je me suis décroché une jambe;

quand je les ai toutes les deux, je devance les hirondelles.

— Oh! viens avec moi, dit le soldat; à nous cinq, nous viendrons à bout de tout. »

Il alla avec eux, et peu de temps après ils rencontrèrent un homme qui avait un petit chapeau posé tout à fait sur l'oreille. Le soldat lui dit : « Avec tout le respect que je vous dois, monsieur, vous feriez mieux de mettre votre chapeau plus droit, car vous avez tout l'air ainsi d'une tête à grelots.

— Je m'en garderai bien, dit l'autre; quand je mets mon chapeau droit, il vient un tel froid que les oiseaux gèlent en l'air et tombent morts par terre.

— Oh! alors, viens avec moi, dit le soldat; à nous six, nous viendrons à bout de tout. »

Tous les six entrèrent dans une ville où le roi avait fait publier que celui qui voudrait lutter à la course avec sa fille l'épouserait s'il était vainqueur, mais aurait la tête tranchée s'il était vaincu. Le soldat se présenta, mais il demanda s'il pouvait faire courir un de ses gens à sa place. « Sans doute, répondit le roi; mais sa vie et la tienne serviront de gage, et, s'il est vaincu, on prendra votre tête à tous deux. »

Les choses étant ainsi convenues, le soldat ordonna au coureur d'accrocher sa seconde jambe, et lui recommanda de courir sans perdre de temps et de ne rien négliger pour remporter la victoire. Il était décidé que le vainqueur serait celui des concurrents qui rapporterait le premier de l'eau d'une fontaine située loin de là.

Le coureur et la fille du roi reçurent chacun une cruche et partirent en même temps; mais la princesse avait fait quelques pas à peine, qu'il était hors de vue, comme si le vent l'eût enlevé. Il fut bientôt à la fontaine, y remplit sa cruche et se remit en route. Mais au milieu du trajet il se sentit fatigué, et, posant la cruche à terre, il se coucha pour dormir un somme ; seulement il eut le soin de mettre sous sa tête un crâne de cheval qu'il trouva par terre, afin que la dureté du coussin ne tardât pas à l'éveiller.

Cependant la princesse, qui courait aussi bien que peut le faire une personne à l'état naturel, était arrivée à la fontaine, et elle se hâtait de revenir après avoir rempli sa cruche. Elle rencontra le coureur endormi. « Bon, se dit-elle joyeusement, l'ennemi est entre mes mains. » Elle vida la cruche du dormeur et continua son chemin.

Tout était perdu, si par bonheur le chasseur, posté sur le haut du château, n'avait pas vu cette scène avec ses yeux perçants. « Il ne faut pourtant pas, se dit-il, que la princesse l'emporte, » et, d'un coup de sa carabine, il brisa sous la tête du coureur, et sans lui faire aucun mal, le crâne de cheval qui lui servait d'oreiller. L'autre, se réveillant en sursaut, s'aperçut que sa cruche était vide et que la princesse avait déjà pris une grande avance. Mais sans perdre courage il retourna à la fontaine, remplit de nouveau sa cruche et fut encore arrivé au terme de la course dix minutes plus tôt que la princesse. « A la fin, dit-il, j'ai vraiment remué les jambes ; ce que j'avais fait auparavant, je n'appelle pas cela courir. »

Mais le roi et sa fille étaient furieux de voir que le vainqueur était un misérable soldat licencié; ils résolurent de le perdre, lui et tous ses compagnons. Le roi dit à sa fille : « J'ai trouvé un bon moyen; n'aie pas peur, ils n'échapperont pas. » Puis, sous prétexte de les régaler, il les fit entrer dans une chambre dont le plancher était en fer, les portes en fer, les fenêtres en fer.

Au milieu de l'appartement était une table chargée d'un repas somptueux. « Entrez, leur dit le roi, et régalez-vous bien. » Et quand ils furent dedans, il fit fermer et verrouiller toutes les portes en dehors. Puis il donna l'ordre à son cuisinier d'entretenir du feu sous la chambre, jusqu'à ce que le plancher de fer fût tout à fait rouge. L'ordre s'exécuta, et les six compagnons qui étaient à table commencèrent à avoir chaud; ils crurent d'abord que cela venait de l'activité avec laquelle ils mangeaient; mais la chaleur augmentant toujours, ils voulurent sortir et s'aperçurent alors que les portes et les fenêtres étaient fermées et que le roi avait voulu leur jouer un mauvais tour. « Mais son coup sera manqué, dit l'homme au petit chapeau, car je vais faire venir un froid devant lequel il faudra bien que le feu recule. » Alors il posa son chapeau tout droit sur sa tête, et il vint un tel froid que toute la chaleur disparut et que les plats gelèrent sur la table.

Au bout de deux heures, le roi, convaincu qu'ils étaient tous cuits, fit ouvrir les portes et vint lui-même voir ce qu'ils étaient devenus. Mais il les trouva tous les six frais et dispos, et disant qu'ils étaient bien aise de pouvoir sortir, pour aller se chauffer un peu, parce qu'il faisait tellement froid dans la chambre que les plats en avaient gelé sur la table. Le roi, plein de colère, alla trouver le cuisinier et lui demanda pourquoi il n'avait pas exécuté ses ordres. Mais le cuisinier lui répondit : « J'ai chauffé au rouge, voyez vous-même. » Le roi reconnut en effet qu'on avait entretenu un feu violent dans le four au-dessous de la chambre, mais que les six compagnons n'en avaient pas souffert.

Le roi, cherchant toujours à se débarrasser de ces hôtes incommodes, fit venir le soldat et lui dit : « Si tu veux abandonner tes droits sur ma fille, je te donnerai autant d'or que tu voudras.

— Volontiers, sire, répondit l'autre ; donnez-moi seulement autant d'or qu'un de mes serviteurs en pourra porter, et j'abandonne la princesse. »

Le roi était enchanté ; le soldat lui dit qu'il reviendrait chercher son or dans quinze jours. En attendant il convoqua à l'instant même tous les tailleurs du royaume et les loua pour quinze jours afin de lui coudre un sac. Quand le sac fut prêt, l'hercule de la bande, celui qui déracinait les arbres avec la main, le mit sur son épaule et se présenta au palais. Le roi demanda quel était ce vigoureux gaillard qui portait sur son épaule un ballot de drap gros comme une maison, et, quand il l'eut appris, il fut effrayé en pensant à tout ce qui pourrait s'engouffrer d'or là dedans. Il en fit venir une tonne que seize hommes des plus forts avaient peine à rouler; mais l'hercule la saisit d'une main, et, la jetant dans le sac, se plaignit qu'on lui en eût apporté si peu qu'il n'y en avait pas de quoi garnir seulement le fond. Le roi fit apporter successivement tout son trésor, qui passa tout entier dans le sac sans le remplir seulement à moitié. « Apportez toujours, criait l'hercule; deux miettes ne suffisent pas à rassasier un homme. » On fit venir encore sept cents voitures chargées d'or de toutes les parties du royaume, et il les fourra dans son sac avec les bœufs qu'on y avait attelés. « Je vais finir, dit-il, par prendre indistinctement tout ce qui me tombera sous la main pour le remplir. » Quand tout y fut, il y avait encore de la place, mais il dit : « Il faut faire une fin; on peut bien fermer son sac avant qu'il soit plein. » Il le mit sur son dos et alla rejoindre ses compagnons.

Le roi, voyant qu'un seul homme emportait ainsi toutes les richesses de son pays, entra dans une grande colère et fit monter à cheval toute sa cavalerie avec ordre de courir sus aux six compagnons et de reprendre le sac. Ils furent bientôt atteints par deux régiments qui leur crièrent : « Vous êtes prisonniers, rendez le sac et l'or qu'il contient, ou vous êtes massacrés sur l'heure.

— Que dites-vous là? répliqua le souffleur, que nous sommes prisonniers? Auparavant vous danserez tous en l'air. »

Et bouchant une de ses narines, il se mit à souffler de l'autre sur les deux régiments; et ils furent dispersés çà et là dans le bleu du ciel, par-dessus monts et vallées. Un vieux sergent-major cria grâce, ajoutant qu'il avait neuf cicatrices, et qu'un brave comme lui ne méritait pas d'être traité si honteusement. Le souffleur s'arrêta un peu, de sorte que le sergent retomba sans se blesser; mais il lui dit: « Va trouver ton roi, et fais-lui savoir qu'il aurait dû envoyer plus de monde contre nous, et que je les aurais tous fait sauter en l'air. »

Le roi apprenant l'aventure, dit : « Il faut les laisser aller; les drôles sont sorciers. » Les six compagnons emportèrent donc leurs richesses; ils en firent le partage et vécurent heureux jusqu'à la fin.

LES NAINS MAGIQUES.

I.

Il était un cordonnier qui, par suite de malheurs, était devenu si pauvre, qu'il ne lui restait plus de cuir que pour une seule paire de souliers. Le soir il le tailla afin de faire les souliers le lendemain matin; puis, comme il avait une bonne conscience, il se coucha tranquillement, fit sa prière et s'endormit. Le lendemain, à son lever, il allait se mettre au travail, quand il trouva la paire de souliers toute faite sur sa table. Grande fut sa surprise; il ne savait ce que cela voulait dire. Il prit les souliers et les considéra de tous côtés : ils étaient si bien faits qu'il n'y avait pas un seul point de manqué; c'était un vrai chef-d'œuvre.

Il entra dans la boutique un chaland, auquel ces souliers plurent tant qu'il les paya plus cher que de coutume, et qu'avec cet argent le cordonnier put se procurer du cuir pour deux autres paires. Il les tailla le soir même et s'apprêtait à y travailler le lendemain matin, quand il les trouva tout faits à son réveil; et cette fois encore les chalands ne manquèrent pas, et, avec l'argent qu'il en tira, il put acheter du cuir pour quatre autres paires. Le lendemain matin, les quatre paires étaient prêtes, et enfin tout ce qu'il taillait le soir était toujours terminé le matin suivant; de façon qu'il retrouva l'aisance et devint presque riche.

Un soir, aux environs de Noël, comme il venait de tailler son cuir et qu'il allait se coucher, il dit à sa femme : « Si nous veillions cette nuit pour voir ceux qui nous aident ainsi?

La femme y consentit, et, laissant une chandelle allumée, ils se cachèrent dans la garde-robe, derrière les vêtements accrochés, et attendirent. Quand minuit sonna, deux jolis petits nains tout nus entrèrent dans la chambre, se placèrent à l'établi du cordonnier, et, prenant le cuir taillé dans leurs petites mains, se mirent à piquer, à coudre, à battre avec tant d'adresse et de promptitude qu'on n'y pouvait rien comprendre. Ils travaillèrent sans relâche jusqu'à ce que l'ouvrage fût terminé, et alors ils disparurent tout d'un coup.

Le lendemain, la femme dit : « Ces petits nains nous ont enrichis; il faut nous montrer reconnaissants. Ils doivent mourir de froid, à courir ainsi tout nus sans rien sur le corps. Sais-tu? je vais leur coudre à chacun chemise, habit, veste et culotte, et leur tricoter une paire de bas ; toi, fais-leur à chacun une paire de souliers. »

L'homme approuva fort cet avis ; et le soir, quand tout fut prêt, ils placèrent ces présents sur la table au lieu du cuir taillé, et se cachèrent encore pour voir comment les nains prendraient la chose. A minuit ils arrivèrent, et ils allaient se mettre au travail, quand, au lieu du cuir, ils trouvèrent sur la table les jolis petits vêtements. Ils témoignèrent d'abord un étonnement qui bientôt fit place à une grande joie. Ils passèrent vivement les habits et se mirent à chanter :

>Ne sommes-nous pas de jolis garçons ?
>Adieu cuir, souliers et chaussons !

Puis ils commencèrent à danser et à sauter pardessus les chaises et les bancs ; enfin, tout en dansant ils gagnèrent la porte.

A partir de ce moment on ne les revit plus ; mais le cordonnier continua d'être heureux le reste de ses jours, et tout ce qu'il entreprenait lui tournait à bien.

II.

Il y avait une fois une pauvre servante qui était active et propre : elle balayait tous les jours la maison et poussait les ordures dans la rue devant la porte. Un matin, en se mettant à l'ouvrage, elle trouva une lettre par terre; comme elle ne savait pas lire, elle posa son balai dans un coin et porta la lettre à ses maîtres : c'était une invitation de la part des nains magiques, qui la priaient d'être marraine d'un de leurs enfants. Elle ne savait que décider; enfin, après beaucoup d'hésitations, comme on lui dit qu'il était dangereux de refuser, elle accepta.

Trois nains vinrent la chercher et la conduisirent dans une caverne de la montagne, où ils demeuraient. Tout y était d'une extrême petitesse, mais si joli et si mignon qu'on ne saurait dire combien. L'accouchée était dans un lit d'ébène incrusté de perles, avec des couvertures brodées d'or; le berceau de l'enfant était en ivoire et sa baignoire en or massif. Après le baptême, la servante voulait retourner tout de suite chez ses maîtres, mais les nains la prièrent instamment de rester trois jours avec eux. Elle les passa en joie et en fêtes, car ces petits êtres lui faisaient le plus charmant accueil.

Au bout des trois jours, comme elle voulut absolument s'en retourner, ils lui remplirent ses poches d'or, et la conduisirent jusqu'à la sortie de leur souterrain. En arrivant chez ses maîtres, elle se remit à son travail ordinaire et reprit son balai au coin même où elle l'avait laissé. Mais il sortit de la maison des étrangers qui lui demandèrent qui elle était et ce qu'elle voulait. Elle apprit alors qu'elle n'était pas restée trois jours, comme elle le croyait, mais sept ans entiers chez les nains, et que pendant ce temps-là ses maîtres étaient morts.

III.

Un jour, les nains prirent à une femme son enfant au berceau, et mirent à la place un petit

monstre qui avait une grosse tête et des yeux fixes, et qui voulait sans cesse à manger et à boire. La pauvre mère alla demander conseil à sa voisine. Celle-ci lui dit qu'il fallait porter le petit monstre dans la cuisine, le poser sur le foyer, allumer du feu à côté, et faire bouillir de l'eau dans deux coquilles d'œuf; cela ferait rire le monstre, et, si une fois il riait, il serait obligé de partir.

La femme fit ce que sa voisine lui avait dit. Dès qu'il vit les coquilles d'œuf pleines d'eau sur le feu, le monstre s'écria :

> Je n'avais jamais vu, quoique je sois bien vieux,
> Faire bouillir de l'eau dans des coquilles d'œufs.

Et il partit d'un éclat de rire. Aussitôt il survint une foule de nains qui rapportèrent l'enfant véritable, le déposèrent dans la cheminée et reprirent leur monstre avec eux.

LES TROIS HÉRITIERS CHANCEUX.

Un père fit venir ses trois fils devant lui, et leur donna, au premier un coq, au second une faux et au troisième un chat. « Je suis vieux, leur dit-il, ma mort est proche ; je veux prendre soin de votre avenir avant qu'elle arrive. Je n'ai pas d'argent à vous laisser, et les choses que je vous donne aujourd'hui vous paraissent sans doute de peu de valeur ; mais tout dépend de la manière dont vous saurez les employer : cherchez chacun un pays où l'objet que vous avez soit inconnu, et votre fortune est faite. »

A la mort du père, l'aîné des fils se mit en route avec son coq ; mais partout où il passait le coq était déjà connu : dans les villes, il le voyait au sommet des clochers, tournant à tous les vents ; dans les campagnes, il l'entendait sans cesse chanter, et personne n'admirait sa bête, si bien qu'il n'avait pas l'air d'être sur le chemin de la fortune.

Enfin il arriva dans une île où personne ne savait ce que c'était qu'un coq ; aussi y était-on fort embarrassé pour diviser le temps. On reconnaissait bien s'il était matin ou soir ; mais la nuit, ceux qui ne dormaient pas ne savaient jamais quelle heure il était. « Voyez, leur dit-il, quel brillant animal ; il a une couronne de rubis sur la tête ; à ses pieds il porte des éperons comme un chevalier. La nuit, il appelle trois fois à heure fixe, la dernière quand

le soleil va paraître. Lorsqu'il chante en plein jour, il indique que le temps va changer. »

Ce discours plut fort aux habitants de l'île ; la nuit suivante, personne ne dormit et tout le monde écouta avec la plus grande curiosité le coq annoncer successivement deux heures, quatre heures, six heures du matin. Ils demandèrent si ce bel oiseau était à vendre et combien son propriétaire en voulait. « Il m'en faut en or la charge d'un âne, » répondit-il. Tous s'écrièrent qu'un tel prix n'était qu'une bagatelle pour un si merveilleux animal, et s'empressèrent de le payer.

En voyant leur aîné revenir riche, les frères cadets furent remplis d'étonnement; le second résolut de partir aussi, pour voir si sa faux lui rapporterait quelque chose. Mais, partout où il passait, il rencontrait des paysans pourvus de faux aussi bonnes que la sienne. Enfin, par bonheur, il débarqua dans une île où personne ne savait ce que c'était qu'une faux. Quand le blé était mûr dans ce pays-là, on pointait des pièces de canon sur les champs, et on tirait à toute volée. Mais cela ne faisait pas un travail bien régulier : tantôt les boulets passaient par-dessus la moisson, tantôt ils frappaient les épis au lieu des chaumes, ce qui perdait beaucoup de grain; et par-dessus le marché c'était un bruit insupportable. Quand notre homme se mit devant eux à faucher le blé si tranquillement et si vite, tout le monde le regarda la bouche béante et les yeux écarquillés. On lui acheta son instrument aussi cher qu'il voulut; il eut un cheval chargé d'autant d'or qu'il en pouvait porter.

Le troisième frère voulut à son tour tirer parti de son chat. Comme ses deux aînés, il ne trouva aucune occasion tant qu'il fut sur la terre ferme;

partout il y avait des chats, et en si grand nombre qu'on en noyait une foule au moment de leur naissance. Enfin il se fit conduire dans une île, où par bonheur on n'en avait jamais vu; mais, en revanche, les souris y pullulaient tellement qu'elles dansaient sur les tables et sur les bancs, même en présence des maîtres des maisons. Tout le monde souffrait de ce fléau; le roi lui-même ne pouvait s'en garantir dans son palais; dans tous les coins on entendait piper les souris, et rien n'était épargné de ce que leur dent pouvait atteindre. Le chat fut introduit, et il eut bientôt nettoyé deux salles, si bien que les habitants supplièrent le roi d'acquérir pour l'État ce précieux animal. Le roi le paya, sans marchander, au prix d'un mulet chargé d'or, et le troisième frère revint dans son pays, encore plus riche que ses deux aînés.

LES TROIS FRÈRES.

Un homme avait trois fils et ne possédait d'autre bien que la maison dans laquelle il demeurait. Chacun de ses fils désirait en hériter, et il ne savait comment s'y prendre pour ne faire de tort à aucun d'eux. Le mieux eût été de la vendre et d'en partager le prix entre eux ; mais il ne pouvait s'y résoudre, parce que c'était la maison de ses ancêtres. Enfin il dit à ses fils : « Allez dans le monde ; faites-y vos preuves ; apprenez chacun un métier, et, quand vous reviendrez, celui qui montrera le mieux son savoir-faire héritera de la maison. »

La proposition leur plut ; l'aîné résolut d'être maréchal ferrant, le second barbier et le troisième maître d'armes. Ils se séparèrent après être convenus de se retrouver chez leur père à jour fixe. Chacun d'eux se mit chez un bon maître qui lui apprit son métier à fond. Le maréchal eut à ferrer les chevaux du roi ; il croyait bien que la maison serait pour lui. Le barbier rasa de grands seigneurs, et il pensait bien aussi tenir la maison. Quant à l'apprenti maître d'armes, il reçut plus d'un coup de fleuret : mais il serrait les dents et ne se laissait pas décourager : « Car, pensait-il, si j'ai peur, la maison ne sera pas pour moi. »

Quand le temps fixé fut arrivé, ils revinrent tous les trois chez leur père. Mais ils ne savaient comment faire naître l'occasion de montrer leurs talents. Comme ils causaient entre eux de leur embarras, il vint à passer un lièvre courant dans la plaine. « Parbleu, dit le barbier, celui-ci vient comme mars en carême. » Saisissant son plat à barbe et son savon, il prépara de la mousse jusqu'à ce que l'animal fût tout près, et, courant après lui, il le savonna à la course et lui rasa la moustache sans l'arrêter, sans le couper le moins du monde ni lui déranger un poil sur le reste du corps. « Voilà qui est bien, dit le père ; si tes frères ne font pas mieux, la maison t'appartiendra. »

Un instant après passa une voiture de poste lancée à fond de train. « Mon père, dit le maréchal, vous allez voir ce que je sais faire. » Et, courant après la voiture, il enleva à un des chevaux en plein galop les quatre fers de ses pieds et lui en remit quatre autres. « Tu es un vrai gaillard, dit le père, et tu vaux ton frère ; je ne sais en vérité comment décider entre vous deux. »

Mais le troisième dit : « Mon père, accordez-moi

aussi mon tour. » Et, comme il commençait à pleuvoir, il tira son épée et l'agita en tous sens sur sa tête, de manière à ne pas recevoir une seule goutte d'eau. La pluie augmenta et tomba enfin comme si on l'eût versée à seaux ; il para toute l'eau avec son épée, et resta jusqu'à la fin aussi peu mouillé que s'il eût été à couvert dans sa chambre. Le père voyant cela ne put cacher son étonnement : « Tu l'emportes, dit-il, la maison est à toi. »

Les deux autres, pleins d'une égale admiration, approuvèrent le jugement du père. Et, comme ils s'aimaient beaucoup entre eux, ils restèrent tous trois ensemble dans la maison à exercer leur état, et ils y gagnèrent beaucoup d'argent, et vécurent heureux jusqu'à un âge avancé. L'un d'eux étant mort alors, les deux autres en prirent un tel chagrin qu'ils tombèrent malades et moururent aussi. Et, à cause de leur habileté commune et de leur affection réciproque, on les enterra tous trois dans le même tombeau.

LE FUSEAU, LA NAVETTE ET L'AIGUILLE.

Il était une jeune fille qui avait perdu ses parents dans son bas âge. Elle avait une marraine, qui habitait toute seule une petite chaumière au bout du village, et qui vivait des produits de son aiguille, de sa navette et de son fuseau. Cette bonne vieille prit avec elle l'orpheline, lui apprit à travailler et l'éleva dans la piété et la crainte de Dieu. Quand la jeune fille eut atteint quinze ans, sa marraine tomba malade, et, l'appelant près de son lit, elle lui dit : « Chère enfant, je sens que ma fin est proche ; je te laisse ma chaumière : elle te protégera contre le vent et la pluie ; je te donne aussi mon fuseau, ma navette et mon aiguille, qui te serviront à gagner ton pain. » Puis, lui posant la main sur la tête, elle la bénit en disant : « Conserve Dieu dans ton cœur, et le bonheur t'arrivera. » Là-dessus ses yeux se fermèrent ; la pauvre fille accompagna son cercueil en pleurant et lui rendit les derniers devoirs.

Désormais elle vécut toute seule, travaillant avec

courage à filer, à tisser et à coudre ; et la bénédiction de la bonne vieille la protégeait en toutes choses. On aurait dit que sa provision de lin était inépuisable, et, à mesure qu'elle avait tissé une pièce de toile ou cousu une chemise, il se présentait aussitôt un acheteur qui la payait généreusement ; de telle sorte que non-seulement elle n'était pas dans le besoin, mais elle pouvait encore donner aux pauvres.

Vers le même temps, le fils du roi se mit à parcourir le pays pour chercher femme. Il n'en pouvait pas choisir une pauvre et n'en voulait pas une riche. Aussi disait-il qu'il prendrait celle qui serait à la fois la plus riche et la plus pauvre. En arrivant dans le village où demeurait notre jeune fille, il demanda, comme à son ordinaire, qu'on lui indiquât la plus pauvre et la plus riche de l'endroit. On lui désigna tout de suite la seconde ; quant à la première, lui dit-on, ce devait être la jeune fille qui demeurait dans une chaumière isolée tout au bout du hameau.

Quand le prince passa, la riche était en grande toilette devant sa porte : elle se leva et alla à sa rencontre avec un grand salut. Mais il la regarda et continuant son chemin sans dire un mot, arriva à la chaumière de la pauvre fille : celle-ci n'était pas sur sa porte, mais enfermée dans sa chambre. Il arrêta son cheval et regarda à travers la fenêtre dans l'appartement, qu'éclairait un rayon de soleil : elle était assise devant son rouet et filait avec ardeur. De son côté, elle aperçut furtivement le prince qui la regardait ; mais elle en devint toute rouge et continua de filer en baissant les yeux, seulement je ne garantirais pas que son fil fût bien égal. Elle fila toujours jusqu'à ce que le prince fût parti. Dès qu'elle ne le vit plus, elle courut ouvrir la fenêtre en disant : « Il fait si chaud ici ! » et elle le suivit des yeux tant qu'elle put apercevoir la plume blanche de son chapeau.

A la fin elle se rassit et se remit à filer. Mais il lui revint à la mémoire un refrain qu'elle avait souvent entendu répéter à sa vieille marraine, et elle chanta ainsi :

> Cours, fuseau ; que rien ne t'arrête ;
> Conduis ici mon bien-aimé.

Qu'arriva-t-il ? le fuseau s'élança tout à coup de ses mains et se précipita dehors ; elle le suivit des yeux toute stupéfaite ; il courait en dansant à travers champs et laissait après lui un fil d'or. En peu de temps il fut trop loin pour qu'elle pût le voir. N'ayant plus de fuseau, elle prit sa navette et se mit à tisser.

Le fuseau continuait de courir, et, quand son fil fut au bout, il avait rejoint le prince. « Que vois-je ? s'écria celui-ci ; ce fuseau veut me conduire quelque part. » Il retourna son cheval et suivit au galop le fil d'or. La jeune fille continuait de travailler en chantant :

> Cours après lui, chère navette ;
> Ramène-moi mon fiancé.

Aussitôt la navette s'échappa de ses mains et s'élança vers la porte. Mais à partir du seuil elle commença à tisser un tapis plus beau que tout ce qu'on a jamais vu. Des deux côtés fleurissaient des guirlandes de roses et de lis, et au milieu, des pampres verts sortaient d'un fond d'or ; des lièvres et des lapins sautaient dans le feuillage, des cerfs et des chevreuils passaient leur tête à travers ; dans les branches étaient perchés des oiseaux de mille couleurs auxquels il ne manquait que de chanter. La navette continuait de courir et l'œuvre avançait merveilleusement.

N'ayant plus sa navette, la jeune fille prit son aiguille et se mit à chanter :

> Il va venir, chère aiguillette ;
> Que tout ici soit préparé.

Aussitôt l'aiguille, s'échappant de ses doigts, se mit à courir par la chambre, rapide comme l'éclair. C'était comme si des esprits invisibles s'en fussent mêlés : la table et les bancs se couvraient de tapis verts, les chaises s'habillaient de velours, et les murs d'une tenture de soie.

A peine l'aiguille avait-elle piqué son dernier

point, que la jeune fille vit passer devant la fenêtre les plumes blanches du chapeau du prince, que le fil d'or avait ramené : il entra dans la chaumière en passant sur le tapis, et dans la chambre il vit la jeune fille, toujours vêtue de ses pauvres habits, mais brillant cependant au milieu de ce luxe improvisé comme une rose églantine sur un buisson.

« Tu es bien la plus pauvre et la plus riche, s'écria-t-il ; viens, tu seras ma femme. » Elle lui tendit la main sans rien répondre. Il lui donna un baiser, et, l'ayant fait monter à cheval avec lui, il l'emmena à la cour, où la noce fut célébrée avec une grande joie.

Le fuseau, la navette et l'aiguille furent conservés précieusement dans le trésor royal.

LA GARDEUSE D'OIES PRÈS DE LA FONTAINE.

Il y avait une fois une vieille bonne femme, qui vivait avec son troupeau d'oies dans une solitude entre des montagnes, et avait là une petite maison. Cette solitude était entourée d'une grande forêt, et chaque matin la vieille prenait sa béquille et s'en allait au bois d'un pas branlant. Une fois là, la bonne vieille s'occupait très-activement, bien plus qu'on ne l'aurait cru à voir son grand âge ; elle ramassait de l'herbe pour ses oies, cueillait des fruits sauvages aussi haut qu'elle pouvait atteindre, et rapportait tout cela sur le dos. On aurait pensé qu'elle devait succomber sous un pareil fardeau, mais elle le rapportait toujours heureusement au logis. Quand elle rencontrait quelqu'un, elle le saluait très-amicalement : « Bonjour, cher voisin, il fait beau aujourd'hui. Cela vous étonne sans doute que je traîne cette herbe, mais chacun doit porter sa charge sur son dos. » Pourtant les gens n'aimaient pas à la rencontrer ; ils préféraient faire un détour, et si un père passait près d'elle avec son petit garçon, il lui disait tout bas : « Prends garde à cette vieille, elle est rusée comme un démon, c'est une sorcière. »

Un matin, un beau jeune homme traversait la forêt. Le soleil brillait, les oiseaux chantaient, un vent frais soufflait dans le feuillage, et le jeune homme était joyeux et en belle humeur. Il n'avait encore rencontré âme qui vive, quand tout à coup il aperçut la vieille sorcière accroupie sur ses genoux et coupant de l'herbe avec sa faucille. Elle en avait déjà amassé toute une charge dans son sac, et à côté d'elle étaient deux grands paniers tout remplis de poires et de pommes sauvages.

« La mère, lui dit-il, comment pensez-vous emporter tout cela ?

— Il faut que je le porte, mon cher monsieur, répondit-elle ; les enfants des riches ne connaissent par ces fatigues-là. Mais au paysan on lui dit :

> Il ne faut voir que devant soi
> Quand on est bossu comme toi.

Voulez-vous m'aider ? ajouta la vieille, voyant qu'il s'arrêtait ; vous avez encore les épaules droites et les jambes solides ; ce sera peu de chose pour vous. D'ailleurs ma maison n'est pas loin d'ici : elle est dans une bruyère, là derrière la colline. Vous aurez grimpé là-haut en un instant. »

Le jeune homme se sentit touché de compassion pour la vieille et lui dit : « Il est vrai que mon père n'est point un paysan, mais un riche comte;

pourtant, afin que vous voyiez que les paysans ne sont pas les seuls qui sachent porter un fardeau, je me chargerai du vôtre.

— Si vous le voulez bien, reprit la vieille, cela me fera plaisir. Il y aura pour vous une heure à marcher; mais que vous importe? Vous porterez aussi les poires et les pommes. »

Le jeune comte commença un peu à réfléchir quand on lui parla d'une heure de marche; mais la vieille ne lâcha pas prise : elle attacha le sac à son dos et pendit à ses mains les deux corbeilles. « Vous voyez, dit-elle, cela ne pèse rien.

— Point; cela pèse beaucoup, reprit le comte en faisant une triste grimace; votre sac est si lourd qu'on dirait qu'il est rempli de pierres de taille; et les pommes et les poires sont pesantes comme du plomb; c'est à peine si je me sens la force de respirer. »

Il avait grande envie de déposer sa charge, mais la vieille ne le permit pas. « Voyez, je vous prie, dit-elle d'un ton moqueur, ce jeune monsieur ne peut pas porter ce que j'ai traîné souvent, vieille comme je suis. Ils sont tout prêts à vous assister en paroles; mais, si on en vient au fait, ils ne demandent qu'à s'esquiver. Pourquoi, ajouta-t-elle, restez-vous ainsi à barguigner? En marche; personne maintenant ne vous délivrera de ce fardeau. »

Tant que l'on fut en plaine, le jeune homme pouvait y tenir : mais quand ils eurent atteint la montagne et qu'il fallut gravir, quand les pierres roulèrent derrière lui comme si elles eussent été vivantes, la fatigue se trouva au-dessus de ses forces. Les gouttes de sueur baignaient son front et coulaient tantôt froides et tantôt brûlantes sur son corps. « La mère, dit-il, je n'en peux plus; je vais me reposer un peu.

— Non, dit la vieille; quand nous serons arrivés vous pourrez vous reposer; maintenant il faut marcher. Qui sait si cela ne vous sera pas bon à quelque chose?

— Vieille, tu es une effrontée, » dit le comte. Et il voulut se défaire du sac, mais il y perdit sa peine; le sac était aussi bien attaché que s'il n'eût fait qu'un avec son dos. Il se tournait et se retournait, mais sans réussir à se dégager.

La vieille se mit à rire et à sauter toute joyeuse sur sa béquille. « Ne vous fâchez pas, mon cher monsieur, dit-elle; vous voilà en vérité rouge comme un coq; portez votre fardeau patiemment; quand nous serons arrivés à la maison, je vous donnerai un bon pourboire. »

Qu'eût-il pu faire? Il fallait se soumettre et se traîner patiemment derrière la vieille. Elle semblait devenir plus leste de moment en moment, et son fardeau à lui devenait plus lourd. Tout d'un coup elle prit son élan, sauta sur le sac et s'assit dessus; tout étique qu'elle était, elle pesait pourtant plus que la plus grosse villageoise. Les genoux du jeune homme tremblaient; mais, quand il s'arrêtait, la vieille lui frappait les jambes avec une baguette et des chardons. Il gravit tout haletant la montagne et arriva enfin à la maison de la vieille, au moment même où il allait succomber à l'effort. Quand les oies aperçurent la vieille, elles étendirent leurs ailes en haut, le cou en avant, et coururent au-devant d'elle en poussant leur cri : « Houle, houle ! » Derrière le troupeau marchait avec une baguette à la main une vieille créature, grande et forte, mais laide comme la nuit. « Mère, dit-elle à la vieille, vous est-il arrivé quelque chose ? vous êtes restée absente bien longtemps.

— Point du tout, mon enfant, répondit-elle, il ne m'est rien arrivé de fâcheux ; au contraire, ce bon monsieur que tu vois m'a porté mon fardeau ; et encore, comme j'étais fatiguée, il m'a prise moi-même sur son dos. Le chemin ne nous a point du tout paru long, nous étions en bonne humeur, et nous n'avons cessé d'échanger de bons mots. »

Enfin la vieille se laissa glisser à terre ; elle enleva la charge du dos du jeune homme, les corbeilles de ses mains, le regarda gracieusement et lui dit : « Maintenant asseyez-vous sur le banc devant la porte, et reposez-vous. Vous avez loyalement gagné votre salaire : aussi ne le perdrez-vous pas. » Puis elle dit à la gardeuse d'oies : « Rentre dans la maison, mon enfant ; il n'est pas convenable que tu restes seule avec ce jeune monsieur ; il ne faut pas verser de l'huile sur le feu ; il pourrait bien devenir amoureux de toi. »

Le comte ne savait s'il devait rire ou pleurer.

« Une mignonne de cette façon, pensa-t-il tout bas, eût-elle trente ans de moins, ne me chatouillerait pas le cœur. » Cependant la vieille choya, caressa les oies comme des enfants, puis rentra avec sa fille dans la maison. Le jeune homme s'étendit sur le banc, sous un pommier sauvage. L'atmosphère était douce et tiède ; autour de lui s'étendait une vaste prairie, émaillée de primevères, de thym sauvage et de mille autres fleurs : au milieu murmurait un clair ruisseau, éclairé des rayons du soleil; et les oies blanches se promenaient sur les bords ou se plongeaient dans l'eau. « Cet endroit est délicieux, dit-il; mais je suis si fatigué que je ne puis tenir les yeux ouverts; je veux dormir un peu. Pourvu qu'un coup de vent ne vienne pas enlever mes jambes; car elles sont molles comme de l'amadou. »

Quand il eut dormi un instant, la vieille vint et le réveilla en le secouant. « Lève-toi, dit-elle; tu ne peux rester ici. Je t'ai un peu tourmenté, il est vrai, mais il ne t'en a pourtant pas coûté la vie. Maintenant je veux te donner ton salaire; tu n'as pas besoin d'argent ni de bien; je t'offre autre chose. »

En disant cela, elle lui mit en main une petite

boîte taillée dans une seule émeraude. « Garde-la bien, lui dit-elle, elle te portera bonheur. »

Le comte se leva, et, sentant qu'il était frais et avait repris ses forces, il remercia la vieille de son présent et se mit en route, sans songer un instant à chercher de l'œil la belle enfant. Il était déjà à quelque distance qu'il entendait encore dans le lointain le cri joyeux des oies.

Le comte resta trois jours égaré dans la solitude avant de pouvoir retrouver son chemin. Enfin, il arriva à une grande ville, et, comme il n'y était connu de personne, il se fit conduire au palais du roi, où le prince et sa femme étaient assis sur un trône. Le comte mit un genou en terre, tira de sa poche la boîte en émeraude et la déposa aux pieds de la reine. Elle lui commanda de se lever, et il vint lui présenter la boîte. Mais à peine l'avait-elle ouverte et y avait-elle regardé, qu'elle tomba à terre comme morte. Le comte fut saisi par les serviteurs du roi et il allait être conduit en prison, quand la reine ouvrit les yeux et ordonna qu'on le laissât libre et que chacun sortît, parce qu'elle voulait l'entretenir en secret.

Quand la reine fut seule, elle se mit à pleurer amèrement et dit : « A quoi me servent l'éclat et les honneurs qui m'environnent? tous les matins je m'éveille dans les soucis et l'affliction. J'ai eu trois filles, dont la plus jeune était si belle que tout le monde la regardait comme une merveille. Elle était blanche comme la neige, rose comme la fleur du pommier, et ses cheveux brillaient comme les rayons du soleil. Quand elle pleurait, ce n'étaient pas des larmes qui tombaient de ses yeux, mais des perles et des pierres précieuses. Lorsqu'elle fut arrivée à l'âge de quinze ans, le roi fit venir ses trois filles devant son trône. Il aurait fallu voir comme on ouvrait les yeux quand la plus jeune entra ; on croyait assister au lever du soleil. Le roi dit : « Mes « filles, je ne sais pas quand viendra mon dernier « jour ; je veux régler dès aujourd'hui ce que cha- « cune de vous recevra après ma mort. Vous m'ai- « mez toutes les trois, mais celle de vous qui « m'aime le mieux aura aussi la meilleure part. » Chacune dit que c'était elle qui aimait le mieux son père. « Ne pourriez-vous, reprit le roi, m'expri- « mer combien vous m'aimez ? Je saurai ainsi quels « sont vos sentiments. » L'aînée dit : « J'aime mon « père comme le sucre le plus délicieux. » La seconde : « J'aime mon père comme le plus beau « vêtement. » Mais la plus jeune garda le silence. « Et toi, lui dit son père, comment m'aimes-tu ? « Je ne sais pas, répondit-elle, et ne puis comparer « mon amour à rien. » Mais le père insista pour qu'elle désignât un objet. Enfin elle dit : « Le meil- « leur mets n'a pas de goût pour moi sans sel ; eh « bien ! j'aime mon père comme le sel. » Quand le

roi entendit cela, il entra en colère et dit : « Puis-
« que tu m'aimes comme le sel, c'est avec du sel
« aussi que je récompenserai ton amour. » Il partagea donc son royaume entre les deux aînées;
mais pour la plus jeune, il lui fit attacher un sac
de sel sur le dos, et deux serviteurs eurent ordre
de la conduire dans une forêt sauvage. Nous avons
tous pleuré et prié pour elle, dit la reine; mais il
n'y a pas eu moyen d'apaiser la colère du roi.
Comme elle a pleuré, quand il lui a fallu nous
quitter! Toute la route a été semée de perles qui
étaient tombées de ses yeux. Le roi n'a pas tardé à
se repentir de sa dureté, et a fait chercher la pauvre enfant dans toute la forêt, mais personne n'a
pu la trouver. Quand je pense que les bêtes sauvages l'ont mangée, je n'en puis plus de tristesse;
souvent je me console par l'espérance qu'elle vit
encore, qu'elle s'est cachée dans une caverne ou
qu'elle a trouvé une retraite chez des gens chari-
tables. Mais imaginez que, quand j'ai ouvert votre
boîte d'émeraude, elle renfermait une perle toute
semblable à celles qui coulaient des yeux de ma fille,
et alors vous pouvez comprendre combien à cette
vue mon cœur a été touché. Il faut que vous me disiez
comment vous êtes arrivé à posséder cette perle. »

Le comte lui apprit qu'il l'avait reçue de la vieille
de la forêt, qui lui avait paru avoir quelque chose
d'étrange et devait être une sorcière, mais qu'il

n'avait rien vu ni entendu qui eût rapport à sa fille. Le roi et la reine prirent la résolution d'aller trouver la vieille; ils pensaient que là où s'était rencontrée la perle, ils obtiendraient aussi des nouvelles de leur enfant.

La vieille, dans sa solitude, était assise à la porte près de son rouet et filait. Il faisait déjà sombre, et quelques copeaux qui brûlaient dans l'âtre ne répandaient qu'une faible clarté. Tout à coup on entendit du bruit au dehors; les oies revinrent de la bruyère au logis, en poussant leur cri le plus enroué. Bientôt après la fille entra à son tour. La vieille la salua à peine et se contenta de secouer un peu la tête. La fille s'assit près d'elle, prit son rouet et tourna le fil aussi légèrement qu'une jeune fille aurait pu le faire. Elles restèrent ainsi assises pendant deux heures, sans dire un seul mot. Enfin quelque chose fit du bruit près de la fenêtre, et on y vit briller deux yeux flamboyants. C'était une vieille chouette, qui cria trois fois : « Hou, hou. » La vieille leva à peine les yeux et dit : « Il est temps, ma fille, que tu sortes pour aller faire ta tâche. »

Elle se leva et sortit. Où allait-elle donc? Loin, bien loin dans la prairie, jusqu'à la vallée. Enfin elle arriva au bord d'une fontaine, près de laquelle se trouvaient trois chênes. Cependant la lune avait monté ronde et pleine au-dessus de la montagne, et elle était si brillante qu'on aurait pu trouver une épingle. La fille enleva une peau qui couvrait son visage, se pencha vers la fontaine et commença à se laver. Quand elle eut fini, elle plongea la peau dans l'eau de la source, et l'étendit sur l'herbe pour qu'elle blanchît et séchât au clair de lune. Mais comme la fille était changée! Vous n'avez jamais rien vu de semblable. Quand elle eut détaché sa tresse grise, ses cheveux dorés étincelèrent comme des rayons de soleil et s'étendirent comme un manteau sur toute sa personne. Ses yeux luisaient comme les étoiles au ciel, et ses joues avaient l'éclat doucement rosé de la fleur du pommier.

Mais la belle jeune fille était triste. Elle s'assit et pleura amèrement. Les larmes tombaient l'une après l'autre de ses yeux et roulaient entre ses longs cheveux jusqu'à terre. Elle était là, et elle fût demeurée ainsi longtemps si le bruit de quelques branches qui craquaient dans un arbre voisin ne fût arrivé à ses oreilles. Elle bondit comme un chevreuil qui a entendu le coup de fusil du chasseur. La lune était justement voilée par un nuage sombre; en un instant la jeune fille se trouva recouverte de la vieille peau et disparut comme une lumière soufflée par le vent.

Tremblant comme la feuille du peuplier, elle courut vers la maison. La vieille était debout à la porte, et la jeune fille voulut lui conter ce qui lui était arrivé; mais la vieille sourit de bonne grâce et dit : « Je sais tout déjà. » Elle la conduisit dans la chambre et alluma quelques copeaux. Mais elle ne se rassit pas près de son rouet; elle prit un balai et commença à balayer et à épousseter. « Tout doit être propre et net ici, dit-elle à la jeune fille.

— Mais, ma mère, reprit celle-ci, pourquoi commencer ce travail à une heure si avancée? Quelle est votre pensée?

— Sais-tu quelle heure il est? demanda la vieille.

— Il n'est pas encore minuit, répondit la jeune fille; mais onze heures sont passées.

— Ne songes-tu pas, continua la vieille, qu'il y a aujourd'hui trois ans que tu es venue chez moi? Ton temps est fini; nous ne pouvons plus rester ensemble. »

La jeune fille fut tout effrayée et dit : « Ah! bonne mère, voulez-vous me chasser? Où irai-je? Je n'ai point d'amis, point de patrie où je puisse chercher un asile. J'ai fait tout ce que vous avez voulu, et vous avez toujours été contente de moi; ne me renvoyez pas. »

La vieille ne voulait pas dire à la jeune fille ce qui allait lui arriver. « Je ne peux rester ici plus longtemps, lui dit-elle; mais, quand je quitterai ce logis, il faut que la maison et la chambre soient propres; ne m'arrête donc point dans mon travail.

Pour toi, sois sans inquiétude; tu trouveras un toit où tu pourras habiter, et tu seras contente aussi de la récompense que je te donnerai.

— Mais dites-moi ce qui va se passer, demanda encore la jeune fille.

— Je te le répète, ne me trouble pas dans mon travail. Ne dis pas un mot de plus; va dans ta chambre; quitte la peau qui couvre ta figure, et prends la robe de soie que tu portais quand tu es venue chez moi; puis reste dans ta chambre jusqu'à ce que je t'appelle. »

Mais il faut que je revienne à parler du roi et de la reine, qui étaient partis avec le comte pour aller trouver la vieille dans sa solitude. Le comte s'était séparé d'eux pendant la nuit et se trouvait forcé de continuer sa route tout seul. Le lendemain, il lui sembla qu'il était dans le bon chemin; il marcha donc jusqu'à l'approche des ténèbres; alors il monta sur un arbre pour y passer la nuit, car il craignait de s'égarer. Quand la lune éclaira le pays, il aperçut une personne qui descendait la montagne. Elle n'avait point de baguette à la main; pourtant il put reconnaître que c'était la gardeuse d'oies, qu'il avait vue dans la maison de la vieille. « Oh! dit-il, elle vient, et je vois ici une des deux sorcières; l'autre ne peut pas non plus m'échapper. »

Mais quel fut son étonnement, quand il la vit

s'approcher de la fontaine, se dépouiller de la peau pour se laver, quand ses cheveux dorés se déroulèrent sur elle, et qu'elle se montra belle plus qu'il n'avait vu aucune femme au monde! A peine osait-il respirer, mais il allongeait le cou à travers le feuillage autant qu'il pouvait, et il la regardait sans détourner les yeux; soit qu'il se fût penché trop, ou par une autre cause, une branche vint à craquer tout d'un coup, et au même instant la jeune fille se trouva cachée sous la peau; elle bondit comme un chevreuil, et la lune s'étant voilée en ce moment, elle fut dérobée à son regard.

A peine avait-elle disparu que le comte descendit de l'arbre et se mit à la poursuivre en toute hâte. Il n'avait fait que quelques pas, lorsqu'il vit dans le crépuscule deux personnes qui marchaient à travers la prairie. C'étaient le roi et la reine, qui de loin avaient aperçu une lumière dans la maison de la vieille, et s'étaient dirigés de ce côté. Le comte leur raconta quelles merveilles il avait vues près de la fontaine, et ils ne doutèrent point que celle dont il parlait ne fût leur fille perdue. Ils avancèrent tout joyeux, et arrivèrent bientôt à la maison. Les oies étaient rangées alentour; elles dormaient la tête cachée sous les ailes, et aucune ne bougeait. Ils regardèrent en dedans du logis par la fenêtre, et aperçurent la vieille qui était assise tranquillement et filait, penchant la tête et sans détourner les yeux. Tout était propre dans la chambre, comme si elle eût été habitée par ces petits sylphes aériens qui n'ont point de poussière à leurs pieds. Mais ils ne virent point leur fille. Ils considérèrent tout cela pendant quelques instants; enfin ils prirent courage et frappèrent doucement à la fenêtre.

On eût dit que la vieille les attendait; car elle se leva et cria d'une voix amicale : « Entrez, je vous connais. »

Quand ils furent entrés dans la chambre, la vieille dit : « Vous auriez pu vous épargner cette longue route, si vous n'aviez pas, il y a trois ans, renvoyé injustement votre fille, qui est si bonne et si gracieuse. Elle n'y a rien perdu, car elle a pendant trois ans gardé les oies; durant tout ce temps-là, elle n'a rien appris de mauvais et a conservé la pureté de son cœur. Mais vous êtes suffisamment punis par l'inquiétude où vous avez vécu. » Puis elle s'approcha de la chambre et dit : « Sors, ma chère enfant. »

La porte s'ouvrit, et la fille du roi sortit vêtue de sa robe de soie, avec ses cheveux dorés et ses yeux brillants; on aurait dit un ange qui descendait du ciel. Elle courut vers son père et sa mère, s'élança à leur cou et les embrassa : tous pleurèrent de joie, sans pouvoir s'en empêcher. Le jeune comte se tenait près d'eux, et, quand elle le vit, son visage devint rouge comme une rose mousseuse; elle-même ne savait pas pourquoi Le roi dit: « Chère enfant, j'ai partagé mon royaume, que pourrai-je te donner ?

— Elle n'a besoin de rien, dit la vieille, je lui donne les larmes qu'elle a versées pour vous; ce sont autant de perles plus belles que celles qu'on trouve dans la mer, et elles sont d'un plus grand prix que tout votre royaume. Et pour récompense de ses services, je lui donne ma petite maison. »

Comme elle achevait ces mots, la vieille disparut. Ils entendirent les murs craquer légèrement, et, comme ils se retournaient, la petite maison se trouva changée en un palais superbe; une table royale était servie et des domestiques allaient et venaient alentour.

L'histoire continue encore; mais ma grand'mère, qui me l'a racontée, avait un peu perdu la mémoire: elle avait oublié le reste. Je crois pourtant que la belle fille du roi se maria au comte, qu'ils restèrent ensemble dans le palais, et qu'ils y vécurent dans la plus grande félicité aussi longtemps que Dieu voulut. Si les oies blanches, qui étaient gardées près de la maison, étaient autant de jeunes filles (ne vous avisez point d'y entendre malice), que la vieille avait recueillies près d'elle, si elles reprirent leur figure humaine et restèrent en qualité de suivantes près de la jeune reine, c'est ce que je ne sais pas bien, mais je le conjecture. Ce qui est certain, c'est que la vieille n'était point une sorcière, mais une bonne fée qui ne voulait que le bien. Probablement c'était elle aussi qui avait accordé à la fille du roi, dès sa naissance, le don de pleurer des perles au lieu de larmes. Cela ne se voit plus aujourd'hui; sans cela les pauvres seraient bientôt devenus riches.

L'ONDINE DE L'ÉTANG.

Il y avait une fois un meunier qui vivait heureusement avec sa femme. Ils avaient de l'argent et du bien, et leur prospérité croissait d'année en année. Mais le malheur, dit le proverbe, vient pendant la nuit; leur fortune diminua d'année en année, comme elle s'était accrue, et à la fin le meunier eut à peine le droit d'appeler sa propriété le moulin qu'il occupait. Il était fort affligé, et, quand il se couchait le soir après son travail, il ne goûtait plus de repos, mais s'agitait tout soucieux dans son lit. Un matin, il se leva avant l'aube du jour et sortit pour prendre l'air, imaginant qu'il se sentirait le cœur soulagé. Comme il passait près de l'écluse de son moulin, le premier rayon du soleil commençait à poindre, et il entendit un peu de bruit dans l'étang. Il se retourna, et aperçut une belle femme qui s'élevait lentement du milieu de l'eau. Ses longs cheveux, qu'elle avait ramenés de ses mains délicates sur ses épaules, descendaient des deux côtés et couvraient son corps d'une éclatante blancheur. Il vit bien que c'était l'ondine de l'étang, et, tout effrayé, il ne savait s'il devait rester ou s'enfuir. Mais l'ondine fit entendre sa douce voix, l'appela par son nom et lui demanda pourquoi il était si triste. Le meunier resta muet d'abord; mais, l'entendant parler si gracieusement, il prit courage et lui raconta qu'il avait jadis vécu dans le bonheur et la richesse, mais qu'il était maintenant si pauvre qu'il ne savait plus que faire.

« Sois tranquille, répondit l'ondine, je te rendrai plus riche et plus heureux que tu ne l'as jamais été; seulement il faut que tu me promettes de me donner ce qui vient de naître dans ta maison.

— C'est quelque jeune chien ou un jeune chat sans doute, » se dit tout bas le meunier. Et il lui promit ce qu'elle demandait.

L'ondine se replongea dans l'eau, et il retourna bien vite, consolé et tout joyeux, à son moulin. Il n'y était pas arrivé encore, que la servante sortit de la maison et lui cria qu'il n'avait qu'à se réjouir, que sa femme venait de lui donner un garçon. Le meunier demeura comme frappé du tonnerre : il vit bien que la malicieuse ondine avait su ce qui se passait et l'avait trompé. La tête basse, il s'approcha du lit de sa femme, et, quand elle lui demanda : « Pourquoi ne te réjouis-tu pas de la venue de notre beau garçon ? » il lui raconta ce qui lui était arrivé et la promesse qu'il avait faite à l'ondine. « A quoi me sert la prospérité et la richesse, ajouta-t-il, si je dois perdre mon enfant? » Mais que faire? Les parents eux-mêmes, qui étaient accourus pour le féliciter, n'y voyaient nul remède.

Cependant le bonheur rentra dans la maison du meunier. Ce qu'il entreprenait réussissait toujours; il semblait que les caisses et les coffres se remplissaient tout seuls, et que l'argent se multipliait dans l'armoire pendant la nuit. Au bout de peu de temps, il se trouva plus riche que jamais. Mais il ne pouvait pas s'en réjouir tranquillement : la promesse qu'il avait faite à l'ondine lui déchirait le cœur. Chaque fois qu'il passait près de l'étang, il craignait de la voir monter à la surface et lui rappeler sa dette. Il ne laissait pas l'enfant s'avancer près de l'eau. « Prends garde, lui disait-il; si tu y touches jamais, il en sortira une main qui te saisira et t'entraînera au fond. » Cependant, comme les années s'écoulaient l'une après l'autre et que l'ondine ne reparaissait pas, le meunier commença à se tranquilliser.

L'enfant avait grandi, était devenu jeune homme, et on le plaça à l'école d'un chasseur. Quand il eut pris ses leçons et fut devenu lui-même un chasseur habile, le seigneur du village le fit entrer à son service. Il y avait dans le village une belle et honnête jeune fille qui plut au chasseur, et quand son maître s'en fut aperçu, il lui fit présent d'une petite maison : ils célébrèrent leurs noces et vécurent heureux et tranquilles, s'aimant de tout leur cœur.

Un jour, le chasseur poursuivait un chevreuil. L'animal ayant débouché de la forêt dans la plaine, il le suivit, et d'un coup de feu l'étendit enfin par terre. Il ne remarqua point qu'il se trouvait tout près du dangereux étang, et, quand il eut vidé l'animal, il vint laver dans l'eau ses mains toutes tachées de sang. Mais à peine les avait-il plongées que l'ondine sortit du fond, l'enlaça en souriant dans ses bras humides et l'entraîna si vite que le flot se referma sur lui en jaillissant.

Quand le soir fut venu et que le chasseur ne rentra pas chez lui, sa femme entra dans une grande inquiétude. Elle sortit pour le chercher, et, comme il lui avait souvent raconté qu'il était obligé de se tenir en garde contre les embûches de l'ondine de l'étang et qu'il n'osait se hasarder dans le voisinage de l'eau, elle eut le soupçon de ce qui était arrivé. Elle courut à l'étang, et, quand elle vit près du bord sa gibecière, elle ne put plus douter de son malheur. Se lamentant et se tordant les mains, elle appela son bien-aimé par son nom, mais inutilement ; elle courut de l'autre côté de la rive, l'appela de nouveau, adressa à l'ondine les plus violentes injures, mais on ne lui fit aucune réponse. Le miroir de l'eau restait tranquille, et la face à demi pleine de la lune la regardait sans faire un mouvement.

La pauvre femme ne quittait point l'étang. D'un pas précipité, sans prendre de repos, elle en faisait et en refaisait le tour, tantôt en silence, tantôt en poussant de grands cris, tantôt en murmurant à voix basse. Enfin ses forces furent épuisées, elle s'affaissa sur la terre et tomba dans un profond sommeil. Bientôt elle eut un rêve.

Elle montait tout inquiète entre deux grandes masses de roches; les épines et les ronces piquaient ses pieds, la pluie battait son visage et le vent agitait ses longs cheveux. Quand elle eut atteint le sommet de la montagne, un aspect tout différent s'offrit à elle. Le ciel était bleu, l'air tiède, la terre s'abaissait par une pente douce, et au milieu d'une prairie verdoyante et tout émaillée de fleurs était une jolie cabane. Elle s'en approcha et ouvrit la porte; au dedans était assise une vieille en cheveux blancs qui lui fit un signe gracieux. Au même instant la pauvre femme s'éveilla. Le jour était déjà levé, et elle se décida à faire aussitôt ce que lui conseillait son rêve. Elle gravit péniblement la montagne, et elle trouva tout semblable à ce qu'elle avait vu dans la nuit. La vieille la reçut gracieusement et lui indiqua un siége où elle l'invitait à s'asseoir. « Sans doute tu as éprouvé quelque malheur, lui dit-elle, puisque tu viens visiter ma cabane solitaire. »

La femme lui raconta, tout en pleurant, ce qui lui était arrivé. « Console-toi, lui dit la vieille, je viendrai à ton secours : voici un peigne d'or. Attends jusqu'à la pleine lune, puis rends-toi près de l'étang, assieds-toi sur le bord, et passe ce peigne sur tes longs cheveux noirs. Quand tu auras fini, dépose-le sur le bord, et tu verras ce qui arrivera alors. »

La femme revint, mais le temps lui dura beaucoup jusqu'à la pleine lune. Enfin le disque arrondi brilla dans le ciel ; alors elle se rendit près de l'étang, s'assit et passa le peigne d'or dans ses longs cheveux noirs ; et quand elle eut fini, elle s'assit au bord de l'eau. Bientôt après, le fond vint à bouillonner, une vague s'éleva, roula vers le bord et entraîna le peigne avec elle. Le peigne n'avait eu que le temps de toucher le fond, quand le miroir de l'eau se partagea : la tête du chasseur monta à la surface. Il ne parla point, mais regarda sa femme d'un œil triste. Au même instant, une seconde vague vint avec bruit et couvrit la tête du chasseur. Tout avait disparu, l'étang était tranquille comme auparavant, et la face de la lune y brillait.

La femme revint désespérée, mais un rêve lui montra la cabane de la vieille. Le matin suivant elle se mit en route et conta sa peine à la bonne fée. La vieille lui donna une flûte d'or et lui dit : « Attends jusqu'au retour de la pleine lune; puis prends cette flûte, place-toi sur le bord, joue sur l'instrument un petit air, et, quand tu auras fini,

dépose-la sur le sable, tu verras ce qui se passera alors. »

La femme fit ce que lui avait dit la vieille. A peine avait-elle déposé la flûte sur le sable, que le fond de l'eau vint à bouillonner; une vague s'éleva, s'avança vers le bord et entraîna la flûte avec elle. Bientôt après l'eau s'entr'ouvrit, et non-seulement la tête du chasseur, mais lui-même jusqu'à la moitié du corps monta à la surface. Plein de désir il étendit ses bras vers elle, mais une seconde vague vint avec bruit, le couvrit et l'entraîna au fond. « Ah! dit la malheureuse, que me sert de voir mon bien-aimé pour le perdre encore? »

La tristesse remplit de nouveau son cœur, mais le rêve lui indiqua une troisième fois la maison de la vieille. Elle se mit en route, et la fée lui donna un rouet d'or, la consola et lui dit : « Tout n'est pas fini encore; attends jusqu'à ce que vienne la pleine lune, puis prends le rouet, place-toi au bord, et file jusqu'à ce que tu aies rempli ton fuseau; quand tu auras achevé, place le rouet près de l'eau, et tu verras ce qui se passera alors. »

La femme suivit ce conseil de point en point. Dès que la nouvelle lune se montra, elle porta le rouet d'or au bord de l'eau, et fila diligemment jusqu'à ce que son lin fût épuisé et que le fil eût rempli le fuseau. A peine le rouet fut-il déposé sur le bord, que le fond de l'eau bouillonna plus violemment que jamais; une forte vague s'avança et emporta le rouet avec elle. Bientôt la tête et le corps tout entier du chasseur montèrent à la surface. Vite il s'élança sur le bord, saisit sa femme par la main et s'enfuit. Mais à peine avaient-ils fait quelques pas, que l'étang tout entier se souleva avec un horrible bouillonnement et se répandit avec une violence irrésistible dans la plaine. Déjà les deux fuyards voyaient la mort devant leurs yeux, quand la femme dans son angoisse appela la vieille à son aide, et en un instant ils furent changés, elle en crapaud, lui en grenouille. Le flot qui les avait atteints ne put les faire périr, mais il les sépara et les entraîna très-loin l'un de l'autre.

Quand l'eau se fut retirée et qu'ils eurent remis le pied sur un terrain sec, ils reprirent leur forme humaine. Mais aucun des deux ne savait ce qu'était devenu l'autre; ils se trouvaient parmi des hommes étrangers, qui ne connaissaient pas leur pays. De hautes montagnes et de profondes vallées les séparaient. Pour gagner leur vie, tous deux furent obligés de garder les moutons. Pendant plusieurs années ils conduisirent leurs troupeaux à travers les bois et les champs, accablés de tristesse et de regret.

Une fois, comme le printemps venait de refleurir, tous deux sortirent le même jour avec leurs troupeaux, et le hasard voulut qu'ils marchassent à la rencontre l'un de l'autre. Sur la pente d'une montagne éloignée, le mari aperçut un troupeau et dirigea ses moutons de ce côté. Ils arrivèrent ensemble dans la vallée, mais ne se reconnurent point; pourtant ils se réjouissaient de n'être plus seuls. Depuis ce temps-là ils faisaient paître chaque jour leurs troupeaux l'un près de l'autre : ils ne se parlaient pas, mais ils se sentaient consolés. Un soir, comme la pleine lune brillait au ciel et que les moutons reposaient déjà, le berger tira sa flûte de son sac et en joua un air gracieux mais triste. Quand il eut fini, il remarqua que la bergère pleurait amèrement. « Pourquoi pleures-tu ? lui demanda-t-il.

— Ah ! répondit-elle, c'est ainsi que brillait la pleine lune lorsque je jouai pour la dernière fois cet air sur la flûte, et que la tête de mon bien-aimé parut à la surface de l'eau. »

Il la regarda, et ce fut comme si un voile était tombé de ses yeux ; il reconnut sa femme bien-aimée ; et en le regardant, comme la lune brillait sur son visage, elle le reconnut à son tour. Ils se jetèrent dans les bras l'un de l'autre, s'embrassèrent, et s'ils furent heureux, qu'on ne le demande point.

PETIT FRÈRE ET PETITE SŒUR.

Petit frère prit petite sœur par la main et lui dit : « Depuis que notre mère est morte, nous n'avons plus une heure de bon temps; notre belle-mère nous bat tous les jours, et, si nous nous approchons d'elle, elle nous repousse à coups de pied. Les croûtes de pain dur qui restent sont notre nourriture, et le petit chien sous la table est mieux traité que nous : on lui jette de temps en temps, à lui, quelque bon morceau. Que Dieu ait pitié de nous !... Si notre mère le savait !... Viens, nous essayerons tous les deux de courir le monde. »

Ils marchèrent tout le jour à travers les prés, les champs et les pierres, et, quand il pleuvait, la petite sœur disait : « Le bon Dieu et nos pauvres cœurs pleurent ensemble ! »

Le soir ils arrivèrent à une grande forêt; ils étaient si épuisés par le chagrin, la faim et une longue route, qu'ils s'abritèrent dans le creux d'un arbre et s'endormirent.

Le lendemain, quand ils se réveillèrent, le soleil

était déjà très-haut dans le ciel, et échauffait de ses rayons le dedans de l'arbre. Le petit frère dit alors : « Petite sœur, j'ai soif; si je connaissais une source, j'irais m'y désaltérer; il m'a semblé que j'en avais entendu murmurer une. »

Le petit frère se leva, prit sa petite sœur par la main, et ils se mirent à chercher la source. Mais la méchante belle-mère était sorcière ; elle avait bien vu les deux enfants se mettre en chemin, elle s'était glissée sur leurs traces, en cachette, comme font les sorcières, et avait jeté un sort sur toutes les sources de la forêt. Comme ils venaient de trouver une source qui coulait limpide sur les cailloux, le petit frère voulut y boire; mais la petite sœur entendit la source qui disait en murmurant : « Celui qui boit de mon eau est changé en tigre; celui qui boit de mon eau est changé en tigre. »

La sœur lui dit : « Je t'en prie, petit frère, ne bois pas; autrement tu deviendrais tigre, et tu me mettrais en pièces. »

Le petit frère ne but pas, quoiqu'il eût grand'-soif, et dit : « J'attendrai jusqu'à la prochaine source. »

Quand ils arrivèrent à la seconde fontaine, la petite sœur entendit que celle-ci disait : « Celui qui boit de mon eau est changé en loup: celui qui boit de mon eau est changé en loup. »

La petite sœur lui dit : « Petit frère, je t'en prie,

ne bois pas : autrement tu serais changé en loup, et tu me mangerais. »

Le petit frère ne but pas, et dit : « J'attendrai jusqu'à ce que nous arrivions à la source prochaine ; mais alors je boirai, quoi que tu puisses me dire : je suis trop dévoré par la soif. »

Quand ils arrivèrent à la troisième fontaine, la petite sœur entendit qu'elle murmurait ces mots : « Celui qui boit de mon eau est changé en chevreuil. »

La petite sœur lui dit : « Ah ! petit frère, je t'en prie, ne bois pas : autrement tu seras changé en chevreuil, et tu t'enfuiras loin de moi. »

Mais le petit frère s'était déjà agenouillé près de la fontaine, penché vers le bassin et abreuvé de son eau : à peine les premières gouttes avaient touché ses lèvres qu'il était transformé en chevreuil.

La petite sœur se mit à pleurer sur son pauvre petit frère ensorcelé, et le chevreuil pleurait aussi et restait tout triste auprès d'elle. Enfin la jeune fille lui dit : « Sois tranquille, mon cher chevreuil, je ne t'abandonnerai jamais. » Alors elle détacha sa jarretière dorée et la passa autour du cou du chevreuil ; puis elle arracha des joncs, et en tressa une cordelette. Elle y attacha l'animal, l'emmena et s'enfonça avec lui dans la forêt. Après avoir marché longtemps, ils arrivèrent enfin à une petite maison, et la jeune fille, ayant regardé au dedans et reconnu qu'elle était vide, dit : « Nous pourrions nous arrêter ici et y demeurer. »

Alors elle chercha pour le petit chevreuil de l'ombre et de la mousse, afin qu'il pût reposer mollement, et chaque matin elle sortait, recueillait des racines, des fruits sauvages et des noix ; elle rapportait aussi de l'herbe fraîche que le chevreuil mangeait dans sa main, et il était content et bon-

dissait joyeusement devant elle. Le soir, quand la petite sœur était fatiguée et avait récité sa prière, elle posait sa tête sur le dos du petit chevreuil, qui lui servait de coussin, et s'y endormait doucement. Si seulement le petit frère avait eu sa forme humaine, ç'aurait été là une vie très-heureuse.

Ils passèrent ainsi quelque temps tout seuls dans ce lieu désert, mais un jour il arriva que le roi du pays fit une grande chasse dans la forêt; tout retentit des sons du cor, des aboiements des chiens et des cris joyeux des chasseurs. Le chevreuil entendit tout ce bruit, et il aurait bien voulu se trouver là. « Ah! dit-il à sa sœur, laisse-moi me rapprocher de la chasse; je n'y puis résister. » Et il la pria si longtemps qu'elle céda.

« Mais, lui dit-elle, ne manque pas de revenir le soir; je fermerai ma porte à ces bruyants chasseurs; pour que je puisse te reconnaître, frappe en disant: « C'est moi, chère sœur; ouvre, mon « petit cœur. » Si tu ne dis pas cela, je n'ouvrirai point ma petite porte. »

Le chevreuil s'élança hors du logis, tout content et joyeux de se sentir en plein air. Le roi et ses chasseurs virent le bel animal et se mirent à sa poursuite, mais sans pouvoir l'atteindre; quand ils se croyaient tout près de le tenir, il sauta par-dessus un buisson et disparut. Quand il ne fit plus clair, il courut à la maison et frappa en disant : « C'est moi, chère sœur; ouvre, mon petit cœur. » La petite porte s'ouvrit, il s'élança dans la maison, et reposa toute la nuit sur sa couche moelleuse. Le lendemain matin, la chasse recommença, et, quand le chevreuil entendit de nouveau le son du cor et le tayaut des chasseurs, il n'eut plus de repos, et dit : « Petite sœur, ouvre-moi : il faut que je sorte. » La petite sœur lui ouvrit la porte en disant: « Ce soir au moins, ne manque pas de revenir et de dire le mot convenu. »

Quand le roi et ses chasseurs revirent le chevreuil avec son collier doré, ils le chassèrent tous, mais il était trop leste et trop agile pour se laisser atteindre : enfin pourtant les chasseurs l'avaient cerné vers le soir, et l'un d'eux le blessa légèrement au pied, si bien qu'il boitait et qu'il s'échappa assez lentement. Un chasseur se glissa sur sa trace jusqu'à la petite maison; il l'entendit comme il disait : « C'est moi, chère sœur, ouvre-moi, mon petit cœur, » et vit qu'on lui ouvrait la porte et qu'on la refermait aussitôt.

Le chasseur retint fidèlement tout cela, se rendit près du roi, et lui conta ce qu'il avait vu et entendu. Le roi dit : « Demain nous chasserons encore. »

La petite sœur avait été très-effrayée, quand elle avait vu le chevreuil revenir blessé; elle essuya le sang de sa plaie, y appliqua des simples et lui dit : « Va reposer sur ta couche, cher petit chevreuil, pour te guérir. »

Mais la blessure était si légère, que le lendemain le chevreuil ne se sentait plus de rien; et quand il entendit encore le bruit de la chasse dans la forêt, il dit : « Je n'y puis plus tenir, il faut que je sois là; on ne me prendra plus si aisément. »

La petite sœur pleura, et lui dit : « Cette fois ils te tueront, je ne te laisserai pas sortir.

— Je mourrai de chagrin ici, si tu me retiens, répondit-il ; quand j'entends le cor de chasse, il me semble que les pieds me brûlent. »

La petite sœur ne put résister ; le cœur gros, elle lui ouvrit la porte, et le chevreuil s'élança dispos et joyeux dans la forêt. Quand le roi l'aperçut, il dit à ses chasseurs : « Poursuivez-le tout le jour jusqu'à la nuit, mais que personne ne lui fasse de mal. »

Quand le soleil fut couché, le roi dit au chasseur : « Viens avec moi, et montre-moi la maison dont tu m'as parlé. »

Quand il fut arrivé à la porte, il frappa et dit : « C'est moi, chère sœur ; ouvre-moi, mon petit cœur. » La porte s'ouvrit, le roi entra, et devant lui il trouva une jeune fille, la plus belle qu'il eût jamais rencontrée.

La jeune fille eut peur, quand elle vit qu'au lieu du petit chevreuil c'était un roi qui entrait avec une couronne d'or sur la tête. Mais le roi la regarda avec douceur, lui présenta la main et lui dit : « Veux-tu venir avec moi dans mon palais et être ma femme bien-aimée ?

— Oh ! oui, répondit la jeune fille ; mais il faut que le chevreuil vienne avec moi, je ne peux pas l'abandonner. »

Le roi dit : « Il restera près de toi tant que tu vivras, et il ne manquera de rien. »

En ce moment le chevreuil entra en bondissant ; la petite sœur l'attacha à sa corde de jonc, prit la corde dans sa main, et sortit avec lui de la maison.

Le roi emmena la belle jeune fille dans son palais, où la noce fut célébrée avec une grande magnificence, et alors ce fut Sa Majesté la reine ; et ils vécurent longtemps heureux ensemble. Le chevreuil était soigné et choyé, et prenait ses ébats dans le jardin du palais. Cependant la méchante belle-mère, qui avait été cause que les deux enfants avaient quitté la maison paternelle, s'imaginait qu'infailliblement la petite sœur avait été dévorée par les bêtes sauvages de la forêt, et que le petit frère changé en chevreuil avait été tué par les chasseurs. Quand elle apprit qu'ils étaient si heureux et en si grande prospérité, l'envie et la haine se réveillèrent dans son cœur pour l'agiter et l'inquiéter, et elle n'eut plus d'autre souci que de trouver moyen de les replonger tous deux dans le malheur. Sa véritable fille, qui était laide comme les ténèbres et n'avait qu'un œil, lui faisait des reproches et lui disait : « Devenir reine, ce bonheur-là m'appartient, à moi.

— Sois tranquille, lui dit la vieille cherchant à l'apaiser, quand il en sera temps, tu me trouveras prête à te servir. »

En effet, quand le moment fut venu où la reine avait mis au monde un beau petit garçon, comme le roi se trouvait justement à la chasse, la vieille sorcière prit la figure de la femme de chambre, entra dans la chambre où la reine était couchée, et lui dit : « Venez, votre bain est prêt, il vous fera du bien et vous fortifiera ; vite, avant qu'il se refroidisse. » Sa fille l'accompagnait ; elles portèrent toutes deux la reine convalescente dans l'étuve, l'y déposèrent, puis se sauvèrent en toute hâte, et fermèrent la porte. Elles avaient eu soin d'allumer dans l'étuve un véritable feu d'enfer, afin que la belle jeune reine fût promptement étouffée.

Quand cela fut fait, la vieille prit sa fille, lui mit un bonnet sur la tête, et la coucha dans le lit de la reine à sa place. Elle lui donna aussi la forme et les traits de la reine ; seulement elle ne put lui rendre l'œil qu'elle avait perdu. Mais, pour que le roi ne le remarquât point, elle devait rester couchée sur le côté où elle était borgne. Le soir, quand le roi revint de la chasse et apprit qu'il lui était né un fils, il se réjouit de tout son cœur et voulut aller près du lit de sa chère femme, pour voir comment elle se trouvait. Mais la vieille lui dit bien vite : « Pour Dieu, n'ouvrez pas les rideaux ; la reine ne peut pas encore voir la lumière ; elle a besoin de repos. » Le roi s'en retourna, ne se doutant point qu'une fausse reine était couchée dans son lit.

Mais quand minuit fut venu, comme tout le monde dormait, la nourrice, qui était dans la chambre de l'enfant, près de son berceau, et qui veillait toute seule, vit la porte s'ouvrir et la véritable mère entrer. Elle prit l'enfant dans le berceau, le posa sur son bras et lui donna à boire. Puis elle remua son coussin, replaça l'enfant et étendit sur lui la couverture. Elle n'oublia pas non plus le petit chevreuil; elle s'approcha du coin où il reposait, et lui caressa le dos avec la main. Puis elle sortit sans dire un mot; et le lendemain, quand la nourrice demanda aux gardes si quelqu'un était entré dans le palais pendant la nuit, ils répondirent : « Non, nous n'avons vu personne. » Elle vint de même plusieurs nuits, sans jamais prononcer une parole : la nourrice la voyait toujours, mais n'osait pas en parler.

Au bout de quelque temps, la mère commença à parler dans la nuit, et elle dit :

Que fait mon enfant? Que fait mon chevreuil?
Je reviendrai encore deux fois et ne reviendrai plus.

La nourrice ne lui répondit pas; mais, quand elle fut disparue, elle courut vers le roi et lui raconta tout. Le roi dit : « Bon Dieu! qu'est-ce que cela? Je veux veiller la nuit prochaine près de l'enfant. »

En effet, il se rendit le soir dans la chambre de l'enfant, et vers minuit, la mère apparut et dit :

Que fait mon enfant? Que fait mon chevreuil?
Je reviendrai encore une fois et ne reviendrai plus.

Puis elle s'occupa de l'enfant, comme elle faisait d'ordinaire, et disparut. Le roi n'osa pas lui adresser la parole, mais la nuit suivante il veilla encore. La reine dit :

> Que fait mon enfant ? Que fait mon chevreuil ?
> Je reviens cette fois encore et ne reviendrai plus.

Alors le roi ne put se contenir; il s'élança vers elle et lui dit : « Tu ne peux être une autre que ma femme chérie.

— Oui, répondit-elle, je suis ta femme chérie. »

Et au même moment, par la grâce de Dieu, elle avait recouvré la vie et était fraîche, rose et bien portante. Elle raconta au roi le crime qu'avaient commis contre elle la méchante sorcière et sa fille. Le roi les fit paraître devant le tribunal, et elles furent condamnées. La fille fut conduite dans une forêt, où les bêtes sauvages la mirent en pièces dès qu'elles l'aperçurent; la sorcière monta sur un bûcher, et périt misérablement dans les flammes. Comme le feu la consumait, le chevreuil fut métamorphosé et reprit sa forme naturelle, et le petit frère et la petite sœur vécurent heureux ensemble jusqu'à la fin de leurs jours.

LE PAYSAN DANS LE CIEL.

Il mourut une fois un pauvre bon paysan qui vint à la porte du paradis. En même temps mourait un riche, riche seigneur qui monta aussi au ciel. Saint Pierre arriva avec ses clefs, ouvrit la porte et fit entrer le seigneur; mais sans doute il n'avait pas vu le paysan, car il le laissa dehors et ferma la porte. Le paysan entendit la joyeuse réception que le ciel faisait au richard avec le chant et la musique. Quand le bruit se fut apaisé, saint Pierre revint et fit entrer enfin le pauvre homme. Celui-ci s'attendait qu'à son entrée le chant et la musique allaient recommencer. Mais tout resta tranquille. On le reçut de bon cœur, les anges allèrent au-devant de lui; mais personne ne chanta. Il demanda à saint Pierre pourquoi la musique n'allait pas pour lui comme pour le riche, et si la partialité régnait au ciel comme sur la terre. « Non, lui répondit le saint, tu nous es aussi cher qu'aucun autre, et tu goûteras, tout comme celui qui vient d'entrer, les joies du paradis; mais, vois-tu, de pauvres paysans comme toi, il en entre tous les jours ici, tandis

que des riches, il n'en vient pas un tous les cent ans. »

LE JUIF DANS LES ÉPINES.

Un homme riche avait un valet qui le servait fidèlement : tous les matins le premier levé, et le dernier couché tous les soirs ; quand il y avait quelque besogne difficile qui faisait reculer les autres, s'y mettant toujours sans hésiter ; ne se plaignant jamais, toujours content, toujours gai. Quand son année fut expirée, son maître ne le paya pas. « Par cette adroite conduite, pensait-il, j'épargne mon argent, et mon domestique, ne pouvant pas me quitter, reste gentiment à mon service. »

Le valet ne réclama pas ; la seconde année se passa comme la première : il ne reçut pas encore ses gages, mais il n'en dit rien et resta toujours.

A l'expiration de la troisième année, le maître finit par y songer ; il mit la main à la poche, mais il n'en tira rien. Le valet se décida enfin à lui dire : « Monsieur, je vous ai servi fidèlement pendant trois ans, soyez assez bon pour me donner ce qui me revient en toute équité ; je veux partir et voir le monde.

— Oui, lui répondit son avare maître ; oui, mon ami, tu m'as bien servi, et tu seras bien payé. »

Là-dessus il tira de sa poche trois liards et les lui compta : « Je te donne un liard pour chaque année ; cela fait une forte somme, de plus gros gages que tu n'en aurais trouvé chez beaucoup d'autres. »

Le pauvre garçon, qui connaissait peu la monnaie, pris son capital et se dit : « Maintenant voilà mes poches pleines ; pourquoi désormais me donnerais-je du mal ? »

Il se mit en route par monts et par vaux, chantant et sautant dans la joie de son cœur. En passant près d'un buisson, il rencontra un petit homme qui lui dit : « Où vas-tu, frère loustic ? les soucis ne te gênent guère, à ce que je vois.

— Pourquoi serais-je triste ? répondit le jeune homme ; je suis riche, j'ai mes gages de trois ans qui sonnent dans ma poche.

— A combien se monte ton trésor ? lui demanda le petit homme.

— A trois liards de bon argent, bien comptés.

— Écoute, lui dit le nain, je suis un pauvre homme dans la misère ; donne-moi tes trois liards ; je ne peux plus travailler, mais toi tu es jeune et tu gagneras aisément ton pain. »

Le garçon avait bon cœur ; il eut pitié du petit homme, et lui donna ses trois liards en disant :

« Les voilà pour l'amour de Dieu ; je saurai bien m'en passer. »

Le nain reprit alors : « Tu as un bon cœur ; forme trois souhaits, un pour chaque liard que tu m'as donné ; ils seront exaucés.

— Ah ! ah ! dit le jeune homme, tu te mêles de magie ! Eh bien ! puisqu'il en est ainsi, je désire d'abord une sarbacane qui ne manque jamais le but, ensuite un violon qui force à danser tous ceux qui l'entendront, et enfin je souhaite que, lorsque j'adresserai une demande à quelqu'un, il ne puisse pas me refuser.

— Tu vas avoir tout cela, » dit le nain ; et il entr'ouvrit le buisson : le violon et la sarbacane étaient là, comme si on les y eût déposés exprès. Il les donna au jeune homme en ajoutant : « Quand tu demanderas quelque chose, personne au monde ne pourra te refuser.

— Que puis-je désirer maintenant ? » se dit le garçon ; et il se remit gaiement en route.

Un peu plus loin il rencontra un juif avec sa longue barbe de bouc, qui restait immobile à écouter le chant d'un oiseau perché au haut d'un arbre. « Merveille de Dieu, s'écriait-il, qu'un si petit animal ait une voix si puissante ! Je voudrais bien le prendre. Mais qui se chargerait d'aller lui mettre du sel sous la queue ?

— S'il ne te faut que cela, dit le garçon, l'oiseau

sera bientôt à bas; » et il le visa si juste que la bête tomba dans les épines qui étaient au pied de l'arbre. « Va, coquin, dit-il au juif, et ramasse ton oiseau. »

Le juif se mit à quatre pattes pour entrer dans les épines. Dès qu'il fut au beau milieu, notre bon garçon, pour lui jouer un plaisant tour, saisit son

violon et se mit à jouer. Aussitôt le juif de se dresser sur ses jambes et de sauter; et plus le violon jouait, plus la danse s'échauffait. Mais les épines déchiraient les guenilles du juif, lui étrillaient la barbe et lui mettaient le corps en sang. « Ah! s'écriait-il, que me veut cette musique? Laissez là votre violon, je ne veux pas danser. »

Mais le garçon continuait, pensant : « Tu as

écorché assez de gens ; que les épines te le rendent ! »

Le juif sautait de plus en plus haut, et les lambeaux de ses habits restaient suspendus aux buissons. « Malheur à moi ! criait-il ; je vous donnerai ce que vous voudrez ; si vous cessez de jouer, vous aurez une bourse pleine d'or.

— Puisque tu es si généreux, dit le garçon, je vais cesser la musique; mais je ne puis m'empêcher de te faire mon compliment: tu danses dans la perfection. » Sur ces mots il prit la bourse et continua son chemin.

Le juif le regarda partir, et, quand il l'eut perdu de vue, il se mit à crier de toutes ses forces : « Misérable musicien, violon de cabaret, attends que je te rejoigne ! je te ferai si bien courir que tu en useras tes semelles. Mauvaise canaille ! mets-toi quatre liards dans la bouche si tu veux valoir un sou, » et autres injures que son imagination lui fournissait. Quand il se fut un peu soulagé et qu'il eut ainsi épanché son cœur, il courut à la ville trouver le juge. « Seigneur, j'en appelle à vous ! voyez comme j'ai été dépouillé et maltraité sur le grand chemin. Les pierres de la route auraient eu pitié de moi : mes habits déchirés ! mon corps écorché ! mon pauvre argent volé avec ma bourse ! de bons ducats, plus beaux les uns que les autres ! Pour l'amour de Dieu, faites mettre en prison le coupable.

— Est-ce un soldat, demanda le juge, qui t'a ainsi accommodé à coups de sabre?

— Il n'avait pas d'épée, dit le juif, mais seulement une sarbacane sur l'épaule et un violon au cou. Le scélérat est aisé à reconnaître. »

Le juge envoya ses hommes à la poursuite du coupable; le brave garçon avait flâné en chemin, ils ne tardèrent pas à l'atteindre, et ils trouvèrent sur lui la bourse d'or. Quand il comparut devant le tribunal: « Je n'ai pas touché au juif, dit-il, je ne lui ai pas pris son or; il me l'a donné volontairement pour faire taire mon violon, parce que ma musique lui déplaisait.

— Dieu me protége! s'écria le juif, il prend les mensonges au vol comme des mouches. »

Mais le juge ne voulut pas le croire, et dit: « Voilà une mauvaise défense; les juifs ne donnent pas leur argent pour si peu de chose; » et il condamna le garçon au gibet, comme voleur de grand chemin.

Quand on l'eut conduit à la potence, le juif lui cria encore: « Canaille, musicien de chien, te voilà payé suivant tes mérites. »

Le garçon monta tranquillement à l'échelle avec le bourreau; mais au dernier échelon il se retourna et dit au juge: « Accordez-moi encore une demande avant que je meure.

— Je te l'accorde, dit le juge, à moins que tu ne me demandes la vie.

— Je ne demande pas la vie, répondit le garçon; laissez-moi seulement, pour la dernière fois, jouer un air sur mon violon. »

Le juif poussa un cri de détresse : « Pour l'amour de Dieu, ne le permettez pas! ne le permettez pas! » Mais le juge dit : « Pourquoi ne lui donnerais-je pas cette dernière joie? C'est fait de lui, il n'y reviendra plus. » Il ne pouvait d'ailleurs refuser, à cause du don qu'avait le garçon de se faire octroyer toutes ses demandes.

Le juif criait : « Ah! mon Dieu! attachez-moi, attachez-moi bien. » Le bon garçon prit son violon, et au premier coup d'archet tout le monde se mit à remuer et à s'ébranler, le juge, le greffier, les valets de bourreau; la corde tomba des mains de celui qui voulait attacher le juif. Au second coup tous levèrent les jambes, et le bourreau lui-même laissa là le patient pour se mettre en danse. Au troisième coup tous commencèrent à sauter et à danser, le juge et le juif à leur tête, sautant plus haut que les autres. Enfin, la danse fut générale, et entraîna tous les spectateurs, gras et maigres, jeunes et vieux; jusqu'aux chiens, qui se dressaient sur leurs pattes de derrière pour danser aussi. Plus il jouait, plus les danseurs bondissaient; les têtes s'entre-choquaient, et la foule commençait à gémir piteusement. Le juge, hors d'haleine, s'écria : « Je t'accorde ta grâce, cesse ta musique. » Le bon garçon suspendit le violon à son cou et descendit l'échelle. Il s'approcha du juif qui était par terre et cherchait à reprendre son souffle. « Coquin, lui dit-il, avoue d'où te vient ton or, ou je reprends mon violon, et je recommence.

— Je l'ai volé, je l'ai volé, exclama le juif, et toi tu l'avais bien gagné. » Il s'ensuivit que le juge se saisit du juif et le fit pendre comme voleur.

LE VALEUREUX PETIT TAILLEUR.

Par une matinée d'été, un petit tailleur, assis sur sa table près de la fenêtre, cousait joyeusement et de toutes ses forces. Il vint à passer dans la rue une paysanne qui criait : « Bonne crème à vendre ! bonne crème à vendre ! » Ce mot de crème résonna agréablement aux oreilles du petit homme, et passant sa mignonne tête par la fenêtre : « Ici, bonne femme, entrez ici, lui dit-il, vous trouverez acheteur. »

Elle monta, chargée de son lourd panier, les trois marches de la boutique du tailleur, et il fallut qu'elle étalât tous ses pots devant lui. Après les avoir tous considérés, maniés, flairés l'un après l'autre, il finit par dire : « Il me semble que cette crème est bonne ; pesez-m'en deux onces, bonne femme, allez même jusqu'au quarteron. » La paysanne, qui avait espéré faire un marché plus considérable, lui donna ce qu'il désirait ; mais elle s'en alla en grondant et en murmurant.

« Maintenant, s'écria le petit tailleur, je prie

Dieu qu'il me fasse la grâce de bénir cette bonne crème, pour qu'elle me rende force et vigueur. » Et prenant le pain dans l'armoire, il coupa une longue tartine pour étendre sa crème dessus. « Voilà qui n'aura pas mauvais goût, pensa-t-il, mais, avant de l'entamer, il faut que j'achève cette veste. » Il posa sa tartine à côté de lui et se remit à coudre, et dans sa joie il faisait des points de plus en plus grands. Cependant l'odeur de la crème attirait les mouches qui couvraient le mur, et elles vinrent en foule se poser dessus. « Qui vous a invitées ici ? » dit le tailleur en chassant ces hôtes incommodes.

Mais les mouches, qui n'entendaient pas le français, revinrent en plus grand nombre qu'auparavant. Cette fois, la moutarde lui monta au nez, et saisissant un lambeau de drap dans son tiroir : « Attendez, s'écria-t-il, je vais vous en donner; » et il frappa dessus sans pitié. Ce grand coup porté, il compta les morts; il n'y en avait pas moins de sept, qui gisaient les pattes étendues. « Peste! se dit-il, étonné lui-même de sa valeur, il paraît que je suis un gaillard; il faut que toute la ville le sache. »

Et, dans son enthousiasme, il se fit une ceinture et broda dessus en grosses lettres : « J'en abats sept d'un coup! »

« Mais la ville ne suffit pas, ajouta-t-il encore; il

faut que le monde tout entier l'apprenne. » Le cœur lui frétillait de joie dans la poitrine comme la queue d'un petit agneau.

Il mit donc sa ceinture et résolut de courir le monde, car sa boutique lui semblait désormais un trop petit théâtre pour sa valeur. Avant de sortir de chez lui, il chercha dans toute la maison s'il n'avait rien à emporter, mais il ne trouva qu'un vieux fromage qu'il mit dans sa poche. Devant sa porte, il y avait un oiseau en cage ; il le mit dans sa poche avec le fromage. Puis il enfila bravement son chemin, et, comme il était leste et actif, il marcha sans se fatiguer.

Il passa par une montagne au sommet de laquelle était assis un énorme géant qui regardait tranquillement les passants. Le petit tailleur alla droit à lui et lui dit : « Bonjour, camarade ; te voilà assis, tu regardes le monde à tes pieds ? Pour moi, je me suis mis en route et je cherche les aventures. Veux-tu venir avec moi ? »

Le géant lui répondit d'un air de mépris : « Petit drôle ! petit avorton !

— Est-il possible ? » s'écria le petit tailleur ; et, boutonnant son habit, il montra sa ceinture au géant en lui disant : « Lis ceci, tu verras à qui tu as affaire. »

Le géant, qui lut : « Sept d'un coup ! » s'imagina que c'étaient des hommes que le tailleur avait tués, et conçut un peu plus de respect pour le petit personnage. Cependant, pour l'éprouver, il prit un

caillou dans sa main et le pressa si fort que l'eau en suintait. « Maintenant, dit-il, fais comme moi, si tu as de la vigueur.

— N'est-ce que cela? répondit le tailleur; c'est un jeu d'enfant dans mon pays. » Et fouillant à sa poche il prit son fromage mou et le serra dans sa main de façon à en faire sortir tout le jus. « Eh bien! ajouta-t-il, voilà qui te vaut bien, ce me semble. »

Le géant ne savait que dire et ne comprenait pas qu'un nain pût être si fort. Il prit un autre caillou et le lança si haut que l'œil le voyait à peine, en disant : « Allons, petit homme, fais comme moi.

— Bien lancé! dit le tailleur, mais le caillou est retombé. Moi j'en vais lancer un autre qui ne retombera pas. » Et prenant l'oiseau qui était dans sa poche, il le jeta en l'air.

L'oiseau, joyeux de se sentir libre, s'envola à tire-d'aile, et ne revint pas. « Qu'en dis-tu, cette fois, camarade? ajouta-t-il.

— C'est bien fait, répondit le géant, mais je veux voir si tu portes aussi lourd que tu lances loin. » Et il conduisit le petit tailleur devant un chêne énorme qui était abattu sur le sol. « Si tu es vraiment fort, dit-il, il faut que tu m'aides à enlever cet arbre.

— Volontiers, répondit le petit homme, prends le tronc sur ton épaule; je me chargerai des branches et de la tête, c'est le plus lourd. »

Le géant prit le tronc sur son épaule, mais le petit tailleur s'assit sur une branche de sorte que le géant, qui ne pouvait pas regarder derrière lui, portait l'arbre tout entier et le tailleur par-dessus le marché. Il s'était installé paisiblement, et sifflait gaiement le petit air :

Il était trois tailleurs qui chevauchaient ensemble,

comme si ç'eût été pour lui un jeu d'enfant que de porter un arbre. Le géant, écrasé sous le fardeau et n'en pouvant plus au bout de quelques pas, lui cria : « Attention, je laisse tout tomber. » Le petit homme sauta lestement en bas, et saisissant l'arbre dans ses deux bras, comme s'il en avait porté sa part, il dit au géant : « Tu n'es guère vigoureux pour un gaillard de ta taille. »

Ils continuèrent leur chemin, et, comme ils passaient devant un cerisier, le géant saisit la tête de l'arbre où étaient les fruits les plus murs, et, la courbant jusqu'en bas, la mit dans la main du tailleur pour lui faire manger les cerises. Mais celui-ci était bien trop faible pour la maintenir, et, quand le géant l'eut lâchée, l'arbre en se redressant emporta le tailleur avec lui. Il redescendit sans se blesser ; mais le géant lui dit : « Qu'est-ce donc ? est-ce que tu n'aurais pas la force de courber une pareille baguette ?

— Il ne s'agit pas de force, répondit le petit tailleur ; qu'est-ce que cela pour un homme qui en a abattu sept d'un coup ? J'ai sauté par-dessus l'arbre pour me garantir du plomb, parce qu'il y avait en bas des chasseurs qui tiraient aux buissons ; fais-en autant, si tu peux. » Le géant essaya, mais il ne put sauter par-dessus l'arbre, et il resta embarrassé dans les branches. Ainsi le tailleur conserva l'avantage.

« Puisque tu es un si brave garçon, dit le géant, il faut que tu viennes dans notre caverne et que tu passes la nuit chez nous. »

Le tailleur y consentit volontiers. Quand ils furent arrivés, ils trouvèrent d'autres géants assis près du feu, tenant à la main et mangeant chacun un mouton rôti. Le tailleur jugeait l'appartement plus grand que sa boutique. Le géant lui montra son lit et lui dit de se coucher. Mais, comme le lit était trop grand pour un si petit corps, il se blottit dans un coin. A minuit, le géant, croyant qu'il dormait d'un profond sommeil, saisit une grosse barre de fer et en donna un grand coup au beau milieu du lit ; il pensait bien avoir tué l'avorton sans rémission. Au petit jour, les géants se levèrent et allèrent dans le bois ; ils avaient oublié le tailleur ; quand ils le virent sortir de la caverne d'un air joyeux et passablement effronté, ils furent pris de peur, et, craignant qu'il ne les tuât tous, ils s'enfuirent au plus vite.

Le petit tailleur continua son voyage, toujours le nez au vent. Après avoir longtemps erré, il arriva dans le jardin d'un palais, et, comme il se sentait un peu fatigué, il se coucha sur le gazon et s'endormit. Les gens qui passaient par là se mirent à le considérer de tous côtés et lurent sur sa ceinture : *Sept d'un coup!* « Ah ! se dirent-ils, qu'est-ce que ce foudre de guerre vient faire ici au milieu de la paix ? Il faut que ce soit quelque puissant seigneur. » Ils allèrent en faire part au roi, en ajoutant que, si la guerre venait à éclater, ce serait un utile auxiliaire qu'il faudrait s'attacher à tout prix. Le roi goûta ce conseil et envoya un de ses courtisans au petit homme pour lui offrir du service aussitôt qu'il serait éveillé. L'envoyé resta en sentinelle près du dormeur, et, quand celui-ci eut commencé à ouvrir les yeux et à se tirer les membres, il lui fit ses propositions. « J'étais venu pour cela, répondit l'autre, et je suis prêt à entrer au service du roi. » On le reçut avec toutes sortes d'honneurs, et on lui assigna un logement à la cour.

Mais les militaires étaient jaloux de lui et auraient voulu le voir mille lieues plus loin. « Qu'est-ce que tout cela deviendra ? se disaient-ils entre eux ; si nous avons quelque querelle avec lui, il se jettera sur nous et en abattra sept à chaque coup. Pas un de nous ne survivra. » Ils se résolurent d'aller trouver le roi et de lui demander tous leur congé. « Nous ne pouvons pas, lui dirent-ils, rester auprès d'un homme qui en abat sept d'un coup. »

Le roi était bien désolé de voir ainsi tous ses

loyaux serviteurs l'abandonner; il aurait souhaité de n'avoir jamais vu celui qui en était la cause et s'en serait débarrassé volontiers. Mais il n'osait pas le congédier, de peur que cet homme terrible ne le tuât ainsi que son peuple pour s'emparer du trône.

Le roi, après y avoir beaucoup songé, trouva un expédient. Il envoya faire au petit tailleur une offre que celui-ci ne pouvait manquer d'accepter en sa qualité de héros. Il y avait dans une forêt du pays deux géants qui commettaient toutes sortes de brigandages, de meurtres et d'incendies. Personne n'approchait d'eux sans craindre pour ses jours. S'il parvenait à les vaincre et à les mettre à mort, le roi lui donnerait sa fille unique en mariage, avec la moitié du royaume pour dot. On mettait à sa disposition cent cavaliers pour l'aider au besoin. Le petit tailleur pensa que l'occasion d'épouser une jolie princesse était belle et ne se retrouverait pas tous les jours. Il déclara qu'il consentait à marcher contre les géants, mais qu'il n'avait que faire de l'escorte des cent cavaliers, celui qui en avait abattu sept d'un coup ne craignant pas deux adversaires à la fois.

Il se mit donc en marche suivi des cent cavaliers. Quand on fut arrivé à la lisière de la forêt, il leur dit de l'attendre, et qu'il viendrait à bout des géants à lui tout seul. Puis il entra dans le bois en regardant avec précaution autour de lui. Au bout d'un moment il aperçut les deux géants endormis sous un arbre et ronflant si fort que les branches en tremblaient. Le petit tailleur remplit ses deux poches de cailloux, et, montant dans l'arbre sans perdre de temps, il se glissa sur une branche qui s'avançait juste au-dessus des deux dormeurs et laissa tomber quelques cailloux, l'un après l'autre sur l'estomac de l'un d'eux. Le géant fut longtemps sans rien sentir, mais à la fin il s'éveilla, et poussant son camarade il lui dit : « Pour« quoi me frappes-tu ?

— Tu rêves, dit l'autre, je ne t'ai pas touché. »

Ils se rendormirent. Le tailleur se mit alors à jeter une pierre au second. « Qu'y a-t-il ? s'écria celui-ci, qu'est-ce que tu me jettes ?

— Je ne t'ai rien jeté ; tu rêves, » répondit le premier.

Ils se disputèrent quelque temps ; mais, comme ils étaient fatigués, ils finirent par s'apaiser et se rendormir encore. Cependant le tailleur recommença son jeu, et, choisissant le plus gros de ses cailloux, il le jeta de toutes ses forces sur l'estomac du premier géant. « C'est trop fort ! » s'écria celui-ci ; et se levant comme un forcené il sauta sur son compagnon, qui lui rendit la monnaie de sa pièce. Le combat devint si furieux qu'ils arrachaient des arbres pour s'en faire des armes, et l'affaire ne cessa que lorsque tous les deux furent étendus morts sur le sol.

Alors le petit tailleur descendit de son poste. « Il est bien heureux, pensait-il, qu'ils n'aient pas aussi arraché l'arbre sur lequel j'étais perché ; j'aurais été obligé de sauter sur quelque autre, comme un écureuil ; mais on est leste dans notre métier. » Il tira son épée, et, après en avoir donné à chacun d'eux une couple de bons coups dans la poitrine, il revint trouver les cavaliers et leur dit : « C'est fini, je leur ai donné le coup de grâce ; l'affaire a été chaude ; ils voulaient résister, ils ont arraché des arbres pour me les lancer ; mais à quoi servait tout cela contre un homme comme moi, qui en abats sept d'un coup !

— N'êtes-vous pas blessé ? demandèrent les cavaliers.

— Non, dit-il, je n'ai pas un cheveu de dérangé. »

Les cavaliers ne voulaient pas le croire ; ils entrèrent dans le bois et trouvèrent en effet les géants nageant dans leur sang, et les arbres abattus de tous côtés autour d'eux.

Le petit tailleur réclama la récompense promise par le roi ; mais celui-ci, qui se repentait d'avoir engagé sa parole, chercha encore à se débarrasser du héros. « Il y a, lui dit-il, une autre aventure dont tu dois venir à bout avant d'obtenir ma fille et la moitié de mon royaume. Mes forêts sont fréquentées par une licorne qui y fait beaucoup de dégâts, il faut t'en emparer.

— Une licorne me fait encore moins peur que deux géants : *Sept d'un coup*, c'est ma devise. »

Il prit une corde et une hache et entra dans le bois, en ordonnant à ceux qui l'accompagnaient de l'attendre au dehors. Il n'eut pas à chercher longtemps : la licorne apparut bientôt, et elle s'élança sur lui pour le percer. « Doucement, doucement, dit-il; trop vite ne vaut rien. » Il resta immobile jusqu'à ce que l'animal fût tout près de lui, et alors il se glissa lestement derrière le tronc d'un arbre. La licorne, qui était lancée de toutes ses forces contre l'arbre, y enfonça sa corne si profondément qu'il lui fut impossible de la retirer, et qu'elle fut prise ainsi. « L'oiseau est en cage, » se dit le tailleur, et sortant de sa cachette, il s'approcha de la licorne, lui passa sa corde autour du cou; à coups de hache il débarrassa sa corne enfoncée dans le tronc, et, quand tout fut fini, il amena l'animal devant le roi.

Mais le roi ne pouvait se résoudre à tenir sa parole; il lui posa encore une troisième condition. Il s'agissait de s'emparer d'un sanglier qui faisait de grands ravages dans les bois. Les chasseurs du roi avaient ordre de prêter main-forte. Le tailleur accepta en disant que ce n'était qu'un jeu d'enfants. Il entra dans le bois sans les chasseurs; et ils n'en furent pas fâchés, car le sanglier les avait déjà reçus mainte fois de telle façon qu'ils n'étaient nullement tentés d'y retourner. Dès que le sanglier eut aperçu le tailleur, il se précipita sur lui, en écumant et en montrant ses défenses aiguës pour le découdre ; mais le léger petit homme se réfugia dans une chapelle qui était là tout près, et en ressortit aussitôt en sautant par la fenêtre. Le sanglier y avait pénétré derrière lui ; mais en deux bonds le tailleur revint à la porte et la ferma, de sorte que la bête furieuse se trouva prise, car elle était trop lourde et trop massive pour s'enfuir par le même chemin. Après cet exploit, il appela les chasseurs pour qu'ils vissent le prisonnier de leurs propres yeux, et il se présenta au roi, auquel force fut cette fois de s'exécuter malgré lui et de lui donner sa fille et la moitié de son royaume. Il eût eu bien plus de mal encore à se décider s'il avait su que son gendre n'était pas un grand guerrier, mais un petit manieur d'aiguille. Les noces furent célébrées avec beaucoup de magnificence et peu de joie, et d'un tailleur on fit un roi.

Quelque temps après, la jeune reine entendit la nuit son mari qui disait en rêvant : « Allons, garçon, termine cette veste et ravaude cette culotte, ou sinon je te donne de l'aune sur les oreilles. » Elle comprit ainsi dans quelle arrière-boutique le jeune homme avait été élevé, et le lendemain elle alla se plaindre à son père, le priant de la délivrer d'un mari qui n'était qu'un misérable tailleur.

Le roi lui dit pour la consoler : « La nuit prochaine, laisse ta chambre ouverte ; mes serviteurs se tiendront à la porte, et, quand il sera endormi, ils entreront, et le porteront chargé de chaînes sur un navire qui l'emmènera bien loin. »

La jeune femme était charmée ; mais l'écuyer du roi, qui avait tout entendu et qui aimait le nouveau prince, alla lui découvrir le complot.

« J'y mettrai bon ordre, » lui dit le tailleur. Le soir il se coucha comme à l'ordinaire, et, quand sa femme le crut bien endormi, elle alla ouvrir la porte et se recoucha à ses côtés. Mais le petit homme, qui faisait semblant de dormir, se mit à crier à haute voix : « Allons, garçon, termine cette veste et ravaude cette culotte, ou sinon je te donne de l'aune sur les oreilles. J'en ai abattu sept d'un coup, j'ai tué deux géants, chassé une licorne, pris un sanglier ; aurais-je donc peur des gens qui sont blottis à ma porte ? » En entendant ces derniers mots, ils furent tous pris d'une telle épouvante, qu'ils s'enfuirent comme s'ils avaient eu le diable à leurs trousses, et que jamais personne n'osa plus se risquer contre lui. Et de cette manière il conserva toute sa vie la couronne.

LES VAGABONDS.

Coq dit à poule : « Voici la saison des noix ; il faut aller sur la côte avant que l'écureuil les ait toutes récoltées.

— Bonne idée, répondit Poule, partons ; nous allons bien nous divertir. »

Ils allèrent ensemble sur la côte et y restèrent jusqu'au soir. Alors, soit par vanité, soit parce qu'ils avaient trop mangé, ils ne voulurent pas retourner à pied chez eux, et le coq fut obligé de fabriquer une petite voiture avec des coquilles de noix. Quand elle fut prête, la poule monta dedans et dit au coq de s'atteler au timon.

« Et pour qui me prends-tu ? répondit le coq ; j'aimerais mieux m'en retourner à pied que de m'atteler comme un cheval ; non, cela n'est pas dans nos conventions : je veux bien être cocher et m'asseoir sur le siége ; mais traîner moi-même la voiture, c'est ce que je ne ferai pas. »

Comme ils se disputaient ainsi, une cane se mit à crier : « Eh ! voleurs, qui vous a permis de venir

sous mes noyers ? Attendez, je vais vous arranger ! »
Et elle se précipita, le bec ouvert, sur le coq. Mais celui-ci, prompt à la riposte, frappa la cane en plein corps et lui laboura si bien les chairs à coups d'ergot, qu'elle demanda grâce et se laissa atteler à la voiture en punition de son attaque. Le coq s'assit sur le siége pour conduire l'équipage, et il le lança à fond de train en criant : « Au galop, cane, au galop ! »

Comme ils avaient déjà fait un bout de route, ils rencontrèrent deux voyageurs qui cheminaient à pied ; c'était une épingle et une aiguille, qui crièrent : « Halte ! halte ! » Bientôt, dirent-ils, il ferait nuit noire, ils ne pouvaient plus avancer ; le chemin était plein de boue ; ils s'étaient attardés à boire de la bière devant la porte, à l'auberge du *Tailleur* ; finalement ils prièrent qu'on leur permît de monter dans la voiture. Le coq, vu la maigreur des nouveaux venus et le peu de place qu'ils tiendraient, consentit à les recevoir, à condition qu'ils ne marcheraient sur les pieds de personne.

Fort tard dans la soirée ils arrivèrent à une auberge, et, comme ils ne voulaient pas se risquer de nuit sur la route, et que la cane était fatiguée, ils se décidèrent à entrer. L'hôte fit d'abord des difficultés ; sa maison était déjà pleine, et les nouveaux voyageurs ne lui paraissaient pas d'une condition très-relevée, mais enfin, vaincu par leurs belles paroles, par la promesse qu'on lui fit de lui abandonner l'œuf que la poule venait de pondre en route et de lui laisser la cane qui en pondait un tous les jours, il voulut bien les recevoir pour la nuit. Ils se firent servir du meilleur et passèrent la soirée à faire bombance.

Le lendemain matin, à la pointe du petit jour, quand tout le monde dormait encore, le coq réveilla la poule, et, piquant l'œuf à coups de bec, ils l'avalèrent tous deux et en jetèrent la coquille dans la cheminée; ils allèrent ensuite prendre l'aiguille qui dormait encore, et la saisissant par la tête, ils la plantèrent dans le fauteuil de l'hôte, ainsi que l'épingle dans sa serviette; puis ils prirent leur vol par la fenêtre. La cane, qui couchait volontiers à la belle étoile et qui était restée dans la cour, se leva en les entendant passer, et entrant dans un ruisseau qui coulait au pied du mur, elle le descendit plus vite qu'elle n'avait couru la poste la veille.

Deux heures plus tard l'hôte sortit du lit, et, après s'être lavé la figure, il prit la serviette pour s'essuyer; mais l'épingle lui égratigna le visage et lui fit une grande balafre rouge qui allait d'une oreille à l'autre. Il descendit à la cuisine pour allumer sa pipe; mais en soufflant sur le feu, les débris de la coquille de l'œuf lui sautèrent dans les yeux. « Tout conspire contre moi ce matin, » se dit-il, et dans son chagrin il se laissa tomber dans son grand fauteuil; mais il se releva bientôt en poussant des cris; car l'aiguille l'avait solidement piqué, et non pas à la tête. Ce dernier accident acheva de l'exaspérer; ses soupçons tombèrent tout de suite sur les voyageurs qu'il avait reçus la veille au soir,

et en effet, quand il alla pour voir ce qu'ils étaient devenus, il les trouva décampés. Alors il jura bien qu'à l'avenir il ne recevrait plus dans sa maison de ces vagabonds qui font beaucoup de dépense, ne payent pas, et pour tout merci vous jouent quelque méchant tour.

LE JEUNE GÉANT.

Un paysan avait un fils qui n'était pas plus gros que le pouce ; il ne grandissait nullement, et en plusieurs années sa taille ne s'accrut pas d'un cheveu. Un jour que le père allait aux champs labourer, le petit lui dit : « Père, je veux sortir avec toi.

— Sortir avec moi ? dit le père ; reste donc ici ; tu ne ferais que nous gêner dehors, et de plus on pourrait bien te perdre. »

Mais le petit nain se mit à pleurer et, pour avoir la paix, son père le prit dans sa poche et l'emmena avec lui. Quand on fut arrivé sur la pièce de labour, il l'assit au bord d'un sillon fraîchement ouvert.

Comme ils étaient là, parut un grand géant qui venait de l'autre côté des monts. « Vois-tu le grand croquemitaine ? dit le père qui voulait faire peur à son fils, afin de le rendre plus obéissant ; il vient pour te prendre. » Mais le géant, qui avait entendu cela, arriva en deux pas au sillon, prit le petit nain et l'emporta sans dire un mot. Le père, muet de frayeur, n'eut pas même la force de pousser un cri. Il crut son enfant perdu, et n'espéra pas le revoir jamais.

Le géant l'avait emmené chez lui; il l'y allaita lui-même, et le petit nain prit tout à coup sa croissance; il grandit et devint fort à la manière des géants. Au bout de deux ans, le géant alla avec lui dans le bois, et pour l'éprouver il lui dit : « Cueille-toi une baguette. » Le garçon était déjà si fort qu'il arracha de terre un jeune arbre avec ses racines. Mais le géant jugea qu'il avait encore des progrès à faire, et, le remmenant avec lui, il l'allaita encore pendant deux ans. Au bout de ce temps, sa force avait tellement augmenté qu'il arrachait de terre un vieil arbre. Ce n'était pas assez pour le géant : il l'allaita encore pendant deux autres années, au bout desquelles il alla au bois avec lui et lui dit : « Cueille-toi un bâton de grosseur raisonnable. » Le jeune homme arracha de terre le plus gros chêne de la forêt, qui fit entendre d'horribles craquements, et un tel effort n'était qu'un jeu pour lui. « C'est bien, dit le géant, ton éducation est faite, » et il le ramena sur la pièce de terre où il l'avait pris.

Son père était occupé à labourer quand le jeune géant l'aborda et lui dit : « Eh bien, mon père, votre fils est devenu un homme. »

Le paysan effrayé s'écria : « Non, tu n'es pas mon fils; je ne veux pas de toi. Va-t'en.

— Oui je suis votre fils. Laissez-moi travailler à

votre place, je labourerai aussi bien et mieux que vous.

— Non, non, tu n'es pas mon fils, et tu ne sais pas labourer. Va-t'en. »

Mais comme il avait peur du colosse, il quitta sa

charrue et se tint à distance. Alors le jeune homme, saisissant l'instrument d'une seule main, appuya dessus avec une telle force, que le soc s'enfonça profondément en terre. Le paysan ne put s'empêcher de lui crier : « Si tu veux labourer, il ne faut pas enfoncer si avant; cela fait un mauvais travail. »

Alors le jeune homme détela les chevaux, et s'attela lui-même à la charrue en disant à son père : « Allez à la maison et recommandez à ma mère de m'apprêter un dîner copieux; pendant ce temps-là je vais achever de labourer cette pièce. »

Le paysan, de retour chez lui, transmit la recommandation à sa femme. Quant au jeune homme, il laboura le champ, qui avait bien quatre arpents, à lui tout seul; et ensuite il le hersa en traînant deux herses à la fois. Quand il eut fini, il alla au bois, arracha deux chênes qu'il mit sur ses épaules, et, suspendant à l'un les deux herses et à l'autre les deux chevaux, il emporta le tout chez ses parents, aussi aisément qu'une botte de paille.

Lorsqu'il fut entré dans la cour, sa mère, qui ne le reconnaissait pas, s'écria : « Quel est cet affreux géant?

— C'est notre fils, dit le paysan.

— Non, dit-elle, notre fils n'est plus. Nous n'en avons jamais eu un si grand; il était tout petit. »

Et s'adressant à lui encore une fois : « Va-t'en, cria-t-elle, nous ne voulons pas de toi. »

Le jeune homme ne disait pas un mot. Il mit ses chevaux à l'écurie, leur donna du foin et de l'avoine, et fit pour eux tout ce qu'il fallait. Puis, quand il eut fini, il entra dans la chambre, et s'asseyant sur un banc : « Mère, dit-il, j'ai faim ; le dîner est-il prêt ?

— Oui, » répondit-elle, en mettant devant lui deux grands plats tout pleins, qui auraient suffi à nourrir pendant huit jours elle et son mari.

Le jeune homme eut bientôt mangé tout, et il demanda s'il n'y en avait pas encore. « Non, c'est tout ce que nous avons.

— C'était pour me mettre en appétit ; il me faut autre chose. »

Elle n'osa pas lui résister, et mit au feu une grande marmite pleine de lard, qu'elle servit dès qu'il fut cuit. « A la bonne heure, dit-il, voilà une bouchée à manger. » Et il avala tout, sans que sa faim en fût encore apaisée.

Alors il dit à son père : « Je vois bien qu'il n'y a pas chez vous de quoi me nourrir. Procurez-moi seulement une barre de fer assez forte pour que je ne la brise pas sur mon genou, et je m'en irai courir le monde. »

Le paysan était ravi. Il attela ses deux chevaux à sa charrette, et rapporta de chez le forgeron une barre de fer si grande et si épaisse, que c'était tout ce que les chevaux pouvaient porter. Le jeune homme la prit, et ratch! il la brisa sur son genou comme un fétu et jeta les morceaux de côté. Le père attela quatre chevaux, et rapporta une autre barre de fer qu'ils avaient peine à traîner. Mais son fils la brisa encore sur son genou en disant : « Celle-ci ne vaut rien encore ; allez m'en chercher une plus forte. » Enfin le père mit huit chevaux, et en rapporta une que l'attelage transportait à peine. Quand le fils l'eut prise dans sa main, il en cassa un petit bout à l'extrémité et dit à son père : « Je vois bien que vous ne pouvez pas me procurer une barre de fer comme il m'en faut. Je m'en vais de chez vous. »

Pour courir le monde il se fit compagnon forgeron. Il arriva dans un village où il y avait un forgeron avare, ne donnant jamais rien à personne et voulant toujours tout garder pour lui tout seul. Il se présenta dans sa forge et lui demanda de l'ouvrage. Le maître était ravi de voir un homme si vigoureux, comptant qu'il donnerait un bon coup de marteau et gagnerait bien son argent. « Combien veux-tu de gages ? lui demanda-t-il.

— Rien, répondit le garçon ; seulement, à chaque quinzaine, quand on payera les autres, je veux te donner deux coups de poing que tu seras obligé de recevoir. »

L'avare était enchanté du marché, qui épargnait son argent. Le lendemain, ce fut au compagnon étranger à donner le premier coup de marteau : quand le maître eut apporté la barre de fer rouge, il frappa un tel coup que le fer s'écrasa et s'éparpilla ; et l'enclume en fut enfoncée en terre si profondément, qu'on ne put jamais la retirer. Le maître en colère lui dit : « Tu ne peux pas faire mon affaire, tu frappes trop fort. Que veux-tu que je te paye pour l'unique coup de marteau que tu as donné ?

— Je ne veux que te donner un petit coup, pas davantage. »

Et il lui donna un coup de pied qui le fit sauter par-dessus quatre voitures de foin. Puis il chercha la plus grosse barre de fer qu'il put trouver dans la forge, et la prenant à sa main comme un bâton, il continua sa route.

Un peu plus loin il arriva à une ferme et demanda au fermier s'il n'avait pas besoin d'un maître valet. « Oui, dit le fermier, il m'en manque un. Tu m'as l'air d'un vigoureux gaillard, qui entend déjà la besogne. Mais combien veux-tu de gages ? » Il répondit qu'il ne demandait pas de gages, mais le pouvoir de donner tous les ans au fermier trois coups que celui-ci s'engagerait à recevoir. Le fermier fut ravi de ce marché, car c'était encore un avaricieux.

Le lendemain matin il fallait aller chercher du bois dans la forêt; les autres valets étaient déjà debout, mais notre jeune homme était encore couché dans son lit. Un d'eux lui cria : « Lève-toi, il est temps; nous allons au bois, il faut que tu viennes avec nous. »

« Allez devant, répondit-il brusquement, je serai encore de retour avant vous. »

Les autres allèrent trouver le fermier et lui racontèrent que son maître valet était encore couché et ne voulait pas les suivre au bois. Le fermier leur dit d'aller l'éveiller encore une fois et de lui donner l'ordre d'atteler les chevaux. Mais le maître-valet répondit de nouveau. « Allez devant, je serai de retour avant vous. »

Il resta couché encore deux heures; au bout de ce temps il se leva, alla cueillir deux boisseaux de pois, et s'en fit une bonne bouillie qu'il mangea paisiblement, après quoi il attela les chevaux pour conduire la charrette au bois. Pour arriver à la forêt il fallait prendre un chemin creux; il y fit d'abord passer sa charrette, puis, arrêtant les chevaux, il revint par derrière et boucha la route avec un abatis d'arbres et de broussailles, si bien qu'il n'y avait plus moyen de passer. Quand il entra dans la forêt, les autres s'en retournaient avec leurs charrettes chargées. Il leur dit : « Allez, allez toujours, je serai à la maison avant vous. »

Et, sans pousser plus loin, il se contenta d'arracher deux arbres énormes qu'il jeta sur sa charrette, puis il prit le chemin du retour. Quand il arriva devant l'abatis qu'il avait préparé, les autres y étaient arrêtés et ne pouvaient pas passer. « Eh bien! leur dit-il, si vous étiez restés comme moi ce matin, vous auriez dormi une heure de plus, et vous n'en seriez pas rentrés plus tard ce soir. » Et comme ses chevaux ne pouvaient plus avancer, il les détela, les mit sur la charrette, et, prenant lui-même le timon à la main, il entraîna tout cela comme une poignée de plumes. Quand il fut de l'autre côté : « Vous voyez, dit-il aux autres, que je m'en tire plus vite que vous. » Et il continua son chemin sans les attendre. Arrivé dans la cour, il prit un arbre à sa main et le montra au fermier en disant : « N'est-ce pas une jolie bûche ? » Le fermier dit à sa femme : « C'est un bon serviteur ; s'il se lève plus tard que les autres, il est de retour avant eux. »

Il servit le fermier pendant un an. Quand l'année fut expirée et que les autres valets reçurent leurs gages, il demanda aussi à se payer des siens. Mais le fermier, terrifié de la perspective des coups à recevoir, le pria instamment de lui en faire remise, lui déclarant qu'il aimerait mieux devenir lui-même son valet, et le faire fermier à sa place. « Non, répondit-il, je ne veux pas être fermier ; je suis maître-valet et je veux rester tel; mais ce qui a été convenu doit être exécuté. »

Le fermier offrit de lui donner tout ce qu'il demanderait; mais ce fut en vain; il répondit toujours : « Non. » Le fermier, ne sachant plus à quel saint se vouer, réclama un répit de quinze jours pour chercher quelque échappatoire; l'autre y consentit. Alors le fermier rassembla tous ses gens et leur demanda conseil. Après y avoir longuement réfléchi, ils répondirent qu'avec un tel maître valet personne n'était sûr de sa vie, et qu'il tuerait un homme comme une mouche. Ils étaient donc d'avis qu'il fallait le faire descendre dans le puits, sous prétexte de le nettoyer, et, une fois qu'il serait en bas, lui jeter sur la tête des meules de moulin qui étaient déposées près de là, de façon à le tuer sur la place.

Le conseil plut au fermier, et le maître valet s'apprêta à descendre dans le puits. Quand il fut au fond, ils lui jetèrent des meules énormes, et ils lui croyaient la tête écrasée; mais il cria d'en bas : « Chassez les poules de là-haut; elles grattent dans le sable et m'en envoient des grains dans les yeux; j'en suis aveuglé. » Le fermier fit : « Chou! chou! » comme s'il avait chassé les poules. Quand le maître valet eut fini et qu'il fut remonté : « Voyez, dit-il, mon beau collier. » C'était la plus grande des meules qu'il avait autour du cou.

Le maître valet exigeait toujours ses gages, mais le fermier lui demanda encore quinze jours de réflexion. Ses gens lui conseillèrent d'envoyer le jeune homme au moulin enchanté pour y faire moudre son grain pendant la nuit; personne n'en était encore sorti vivant le lendemain. Cet avis plut au fermier, et à l'instant même il commanda à son valet de porter huit boisseaux de blé au moulin et de les faire moudre pendant la nuit, parce qu'on en avait besoin tout de suite. Le valet mit deux boisseaux de blé dans sa poche droite, deux dans sa poche gauche, en chargea quatre dans un bissac, deux par devant et deux par derrière, et ainsi lesté il se rendit au moulin. Le meunier lui dit qu'on pouvait bien moudre pendant le jour, mais non pendant la nuit, et que ceux qui s'y étaient risqués avaient été tous trouvés morts le lendemain. « Je n'y mourrai pas, moi, répondit-il, allez vous coucher et dormez sur les deux oreilles. » Et entrant dans le moulin, il engrena son blé comme si de rien ne se fût agi.

Vers onze heures du soir, il entra dans le bureau du meunier et s'assit sur le banc. Mais au bout d'un instant, la porte s'ouvrit d'elle-même, et il vit entrer une grande table, sur laquelle se posèrent tout seuls des plats et des bouteilles remplis d'excellentes choses, sans qu'il parût personne pour les apporter. Les tabourets se rangèrent aussi autour de la table, toujours sans que personne apparût; mais à la fin le jeune homme vit des doigts, sans rien de plus, qui chargeaient les assiettes et s'escrimaient dessus avec les fourchettes et les couteaux. Comme il avait faim et que les plats fumaient, il se mit aussi à table et mangea à son appétit.

Quand il eut fini de souper et que les plats vides annoncèrent que les invisibles avaient fini également, il entendit distinctement qu'on soufflait les lumières, et elles s'éteignirent toutes à la fois; alors, dans l'obscurité, il sentit sur sa joue quelque chose comme un soufflet. « Si l'on recommence, dit-il tout haut, je m'y mets aussi. » Il en reçut cependant un second, et alors il riposta. Les soufflets donnés et rendus continuèrent toute la nuit, et le jeune géant ne s'épargna pas à ce jeu. Au point du jour tout cessa. Le meunier arriva et s'étonna de le trouver encore en vie. « Je me suis régalé, lui dit le géant; j'ai reçu des soufflets, mais je les ai bien rendus. »

Le meunier était plein de joie, car son moulin était délivré; il voulait donner au géant beaucoup d'argent pour le remercier. « De l'argent, dit celui-ci, je n'en veux pas; j'en ai plus qu'il ne m'en faut. » Et prenant ses sacs de farine sur son dos, il retourna à la ferme et déclara au fermier que sa commission était finie et qu'il voulait ses gages.

Le fermier était bien effrayé; il ne pouvait tenir en place, il allait et venait dans la chambre et les gouttes de sueur lui tombaient du front. Pour respirer un peu, il ouvrit la fenêtre; mais, avant qu'il eût le temps de se méfier, le maître valet lui donna un coup qui l'envoya par la fenêtre dans les airs, où il monta toujours jusqu'à ce qu'on le perdît de vue. Alors le maître valet dit à la fermière : « A votre tour, le second coup sera pour vous. »

« Non, non, s'écria-t-elle, on ne frappe pas les femmes. » Et elle ouvrit l'autre fenêtre, car la sueur lui coulait aussi du front; mais le coup qu'elle reçut l'envoya dans les airs encore plus haut que son mari, parce qu'elle était plus légère. Son mari lui criait : « Viens avec moi, » et elle lui répondait : « Viens avec moi, toi; je ne peux pas y aller, moi. » Et ils continuèrent à flotter dans l'air sans parvenir à se rejoindre; et peut-être y flottent-ils encore.

Quant au jeune géant, il prit sa barre de fer et se remit en route.

MONSIEUR POINTU.

M. Pointu était un petit homme maigre et actif qui ne se donnait pas un instant de repos. Un nez retroussé faisait seul saillie sur son visage pâle et criblé par la petite vérole; ses cheveux étaient gris et hérissés; ses petits yeux lançaient toujours des éclairs à droite et à gauche. Il remarquait tout, critiquait tout, savait tout mieux que personne et avait toujours raison. En passant dans les rues, il agitait les bras avec tant d'ardeur qu'un jour il attrapa un seau d'eau qu'une jeune fille portait et le fit sauter en l'air, si bien qu'il en fut tout inondé. « Petite sotte, lui cria-t-il en se secouant, ne pouvais-tu pas voir que je venais derrière toi? »

De son état il était cordonnier, et, quand il travaillait, il tirait le ligneul avec une telle violence qu'il envoyait à ceux qui ne se tenaient pas à distance honnête de grands coups de poing dans les côtes. Aucun ouvrier ne pouvait rester plus d'un mois chez lui, parce qu'il trouvait toujours à redire à l'ouvrage le mieux fait. C'étaient des points de couture inégaux, un soulier plus long ou un talon plus haut que l'autre; ou bien c'était le cuir qui n'avait pas été assez battu. « Attends, disait-il à l'apprenti, je vais t'apprendre comment on assouplit la peau. » Et il lui administrait sur le dos deux coups de tire-pied.

Il appelait tous ses gens paresseux, et cependant lui-même ne faisait pas grande besogne, car il ne tenait pas deux minutes en place. Si sa femme s'était levée matin et avait allumé le feu, il sautait du lit et courait nu-pieds dans la cuisine. « Veux-tu donc brûler la maison? lui criait-il; voilà un feu à rôtir un bœuf! on dirait que le bois ne coûte rien. »

Si les servantes, occupées à laver, riaient ensemble autour de la cuve en se racontant les nouvelles, il les tançait d'importance : « Les voilà parties, les sottes oies! elles font aller leur bec, et pour leur caquet elles oublient leur ouvrage. Et le savon, que devient-il dans l'eau? Gaspillage et paresse! elles épargnent leurs mains et se dispensent de frotter le linge! » Et dans sa colère il trébuchait contre un seau plein de lessive, et la cuisine en était inondée.

On bâtissait une maison neuve en face de chez lui; de sa fenêtre il surveillait les travaux. « Ils emploient du sable rouge qui ne séchera pas, s'écriait-il; on ne se portera jamais bien dans cette maison-là; voyez comme les maçons posent leurs pierres de travers! Le mortier ne vaut rien; c'est du gravier, non du sable, qu'il faut. Je vivrai assez pour voir cette maison-là tomber sur la tête de ses habitants! » Il faisait par là-dessus deux points à son ouvrage ; mais tout à coup il se levait encore et ôtait précipitamment son tablier de cuir en disant : « Il faut absolument que j'aille leur dire leur fait. » Il tombait sur les charpentiers : « Qu'est-ce que cela veut dire? rien n'est d'aplomb dans votre charpente : est-ce que vous croyez que ces solives-là tiendront? tout se détraquera d'un moment à l'autre. »

Il a pris une hache entre les mains d'un charpentier et veut lui montrer comment on doit s'y prendre, quand une voiture chargée de terre glaise vient à passer; il jette là la hache pour courir après le charretier : « Êtes-vous fou? lui crie-t-il ; y a-t-il du bon sens d'atteler de jeunes chevaux à une voiture surchargée comme celle-ci? Les pauvres bêtes vont crever sur la place! » Le charretier ne lui répond pas; M. Pointu rentre tout en colère dans sa boutique.

Comme il va se rasseoir, son apprenti lui présente un soulier. « Qu'est-ce encore que cela? lui crie-t-il; ne t'ai-je pas défendu de découper les souliers si bas? Qui est-ce qui achètera une pareille chaussure ? ce n'est plus qu'une semelle! J'entends que mes ordres soient exécutés à la lettre.

— Monsieur, répond l'apprenti, vous avez raison, sans doute ; ce soulier ne vaut rien ; mais c'est celui que vous venez de tailler et de coudre vous-même. Vous l'avez fait tomber tout à l'heure en vous levant, et je n'y ai touché que pour le remasser ; mais un ange du ciel ne parviendrait pas à vous satisfaire. »

M. Pointu rêva une nuit qu'il était mort et sur la route du paradis. En arrivant à la porte il frappa, et saint Pierre ouvrit pour voir qui était là. « Ah ! c'est vous, dit-il, monsieur Pointu ; je vais vous faire entrer. Mais, je vous en avertis, ne critiquez rien de ce que vous verrez dans le ciel ; autrement il vous arriverait malheur.

— Vous auriez pu vous dispenser de cet avertissement, répliqua M. Pointu ; je connais les convenances, et, Dieu merci, tout est parfait ici ; ce n'est pas comme sur la terre. »

Il entra donc et se mit à parcourir les vastes espaces du ciel. Il regardait de tous côtés, à droite et à gauche ; mais il ne pouvait de temps en temps s'empêcher de hocher la tête et de grommeler entre ses dents. Il aperçut enfin deux anges qui portaient une grosse pièce de bois. C'était une poutre qu'un homme avait eue dans l'œil pendant qu'il cherchait une paille dans celui de son voisin. Mais les anges, au lieu de la porter dans sa longueur, la tenaient de côté. « A-t-on jamais vu pareille maladresse ? »

pensa M. Pointu. Cependant il se tut et s'apaisa en se disant : « Au fond c'est tout un, qu'on porte la poutre droit devant soi ou de côté, pourvu qu'on arrive sans encombre ; et en vérité je vois qu'ils ne heurtent nulle part. »

Plus loin, il vit deux anges qui puisaient de l'eau dans un seau percé et fuyant de tous les côtés. Ils faisaient ainsi de la pluie pour arroser la terre. « Par tous les diables!... » s'écria-t-il; mais il s'arrêta heureusement en réfléchissant que c'était probablement un jeu : « Pour se distraire, disait-il en lui-même, on peut bien faire des choses inutiles, surtout ici, où je vois bien que la paresse règne sans partage. »

Plus loin encore il vit une voiture embourbée dans un trou profond. « Ce n'est pas étonnant, dit-il à l'homme qui était auprès ; elle est si mal chargée ! Qu'est-ce que vous portez là ?

— De bonnes pensées. Je n'ai pas pu les amener à bien ; mais heureusement j'ai fait monter ma voiture jusqu'ici ; on ne m'y laissera pas dans l'embarras. »

En effet, il vint un ange qui attela deux chevaux devant la voiture. « Très-bien, dit M. Pointu ; mais deux chevaux ne suffiront pas ; il en faudrait au moins quatre. »

Un autre ange arriva avec deux autres chevaux ; mais, au lieu de les atteler aussi par devant, il les attela par derrière. Cette fois, c'était trop fort pour M. Pointu : « Têtebleu ! s'écria-t-il, que fais-tu là ? A-t-on jamais vu atteler ainsi, depuis que le monde est monde ? Mais, dans leur aveugle orgueil, ils croient tout savoir mieux que les autres. » Il allait continuer, mais un des célestes habitants le saisit au collet et le lança dans les airs avec une force irrésistible. Cependant il eut encore le temps d'apercevoir par-dessous la porte la voiture qui était enlevée en l'air par quatre chevaux ailés.

A ce moment, M. Pointu s'éveilla. « Le ciel, se disait-il en lui-même, n'est pas tout à fait semblable à la terre, et il y a bien des choses qu'on y croirait mauvaises et qui sont bonnes au fond. Mais, malgré tout, qui pourrait voir de sang-froid atteler des chevaux des deux côtés opposés d'une voiture? ils avaient des ailes, soit; mais je ne l'avais pas vu d'abord. Et, en tout cas, c'est une fière sottise que de donner deux ailes à des chevaux qui ont déjà quatre jambes. Mais il faut que je me lève; autrement tout irait de travers ici. C'est bien heureux, en vérité, que décidément je ne sois pas mort. »

LE LIÈVRE ET LE HÉRISSON.

Cette histoire, enfants, va vous paraître un mensonge, et pourtant elle est vraie ; car mon grand-père, de qui je la tiens, ne manquait jamais, quand il me la racontait, d'ajouter : « Il faut pourtant qu'elle soit vraie ; sans cela on ne la raconterait pas. » Voici l'histoire, telle qu'elle s'est passée.

C'était dans une matinée d'été, pendant le temps de la moisson, précisément quand le sarrasin est en fleur. Le soleil brillait dans le ciel, le vent du matin soufflait sur les blés, les alouettes chantaient dans l'air, les abeilles bourdonnaient dans le sarrasin, et les gens se rendaient à l'église dans leur toilette du dimanche, et toutes les créatures étaient en joie, et le hérisson aussi.

Mais le hérisson se tenait devant sa porte : il avait les bras croisés, regardait couler le temps, et chantait sa petite chanson, ni mieux ni plus mal que ne chante un hérisson par une belle matinée de dimanche. Tandis qu'il chantait ainsi à demi-voix, il eut l'idée assez hardie vraiment, pendant

que sa femme lavait et habillait les enfants, de faire quelques pas dans la plaine et d'aller voir comment poussaient ses navets. Les navets étaient tout près de sa maison, et il était dans l'habitude d'en manger, lui et sa famille; aussi les regardait-il comme lui appartenant. Aussitôt dit, aussitôt fait. Le hérisson ferma la porte derrière lui, et se mit en route. Il était à peine hors de chez lui et il allait justement tourner un petit buisson qui bordait le champ où étaient les navets, quand il rencontra le lièvre, qui était sorti dans une intention toute semblable pour aller visiter ses choux. Quand le hérisson aperçut le lièvre, il lui souhaita amicalement le bonjour. Mais le lièvre, qui était un grand personnage à sa manière, et de plus très-fier de son naturel, ne rendit pas le salut au hérisson, mais lui dit, et d'un air extrêmement moqueur :
« Comment se fait-il que tu coures comme cela les champs par une si belle matinée?

— Je vais me promener, dit le hérisson.

— Te promener! dit en riant le lièvre; il me semble qu'il te faudrait pour cela d'autres jambes. »

Cette réponse déplut extraordinairement au hérisson; car il ne se fâchait jamais, excepté quand il était question de ses jambes, précisément parce qu'il les avait torses de naissance. « Tu t'imagines peut-être, dit-il au lièvre, que tes jambes valent mieux que les miennes?

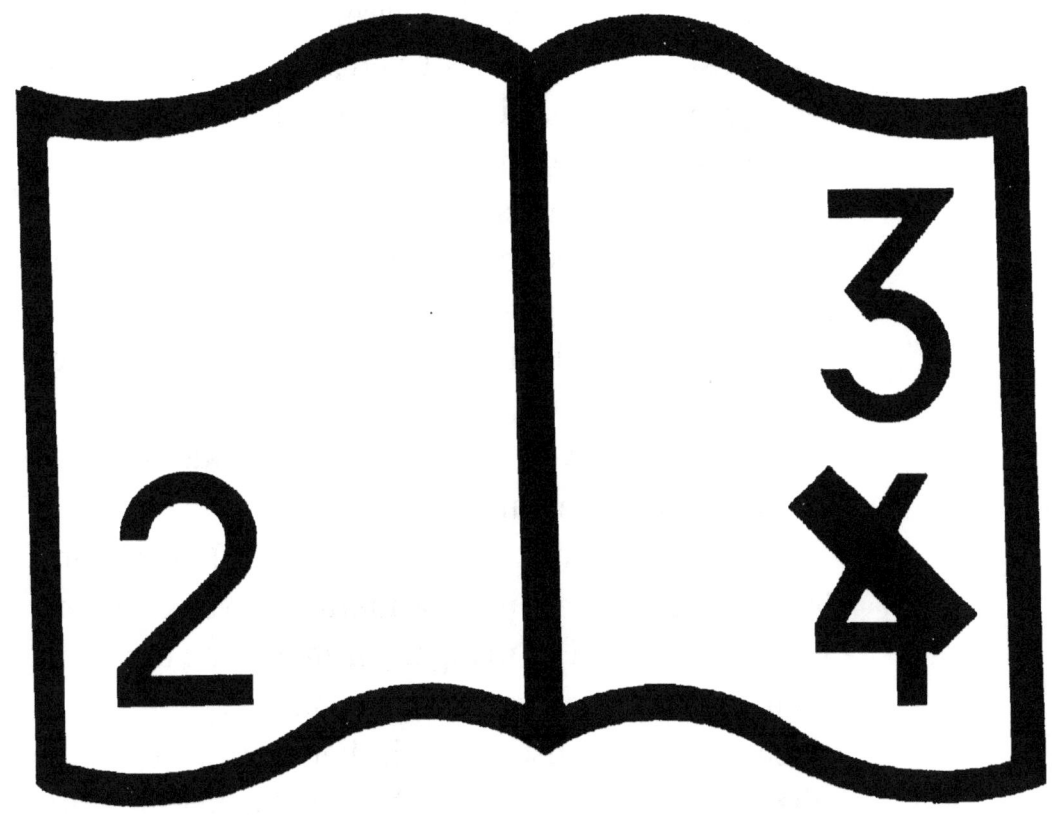

Pagination incorrecte — date incorrecte

NF Z 43-120-12

— Je m'en flatte, dit le lièvre.

— C'est ce qu'il faudrait voir, repartit le hérisson ; je parie que, si nous courons ensemble, je courrai mieux que toi.

— Avec tes jambes torses? tu veux te moquer, dit le lièvre ; mais soit, je le veux bien, si tu en as tant d'envie. Que gagerons-nous?

— Un beau louis d'or et une bouteille de brandevin, dit le hérisson.

— Accepté, dit le lièvre; tope, et nous pouvons en faire l'épreuve sur-le-champ.

— Non ; cela n'est pas si pressé, dit le hérisson ; je n'ai encore rien pris ce matin ; je veux d'abord rentrer chez moi et manger un morceau ; dans une demi-heure je serai au rendez-vous. »

Le lièvre y consent, et le hérisson s'en va. En chemin, il se disait : « Le lièvre se fie à ses longues jambes, mais je lui jouerai un tour. Il fait son important, mais ce n'est qu'un sot, et il le payera. »

En arrivant chez lui, le hérisson dit donc à sa femme : « Femme, habille-toi vite ; il faut que tu viennes aux champs avec moi.

— Qu'y a-t-il donc? dit la femme.

— J'ai parié avec le lièvre un beau louis d'or et une bouteille de brandevin que je courrais mieux que lui, et il faut que tu sois de la partie.

— Bon Dieu! mon homme, dit du haut de sa tête la femme au hérisson, es-tu dans ton bon sens

champ, le hérisson ou sa femme disaient toujours :
« Me voilà. »

A la soixante-quatorzième fois, le lièvre ne put achever. Au milieu des champs, il roula à terre; le sang lui sortait par le cou, et il expira sur la place. Le hérisson prit le louis d'or qu'il avait gagné et la bouteille de brandevin ; il appela sa femme pour la faire sortir de son sillon; tous deux rentrèrent très-contents chez eux, et, s'ils ne sont morts depuis, ils vivent encore.

C'est ainsi que le hérisson, dans la lande de Buxtehude[1], courut si bien qu'il fit mourir le lièvre à la peine, et depuis ce temps-là aucun lièvre ne s'est avisé de défier à la course un hérisson de Buxtehude.

La morale de cette histoire, c'est d'abord que nul, si important qu'il s'imagine être, ne doit s'aviser de rire aux dépens d'un plus petit, fût-ce un hérisson ; et, secondement, qu'il est bon, si vous songez à prendre une femme, de la prendre dans votre condition et toute semblable à vous. Si donc vous êtes hérisson, ayez bien soin que votre femme soit hérissonne, et de même pour toutes les espèces.

1. Pays dont les habitants sont accusés d'être les Béotiens de l'Allemagne. (*Note du traducteur.*)

LA TOMBE.

Un riche fermier était un jour devant sa porte, considérant ses champs et ses jardins; la plaine était couverte de ses moissons et ses arbres étaient chargés de fruits. Le blé des années précédentes encombrait tellement ses greniers, que les poutres des planchers cédaient sous le poids. Ses étables étaient pleines de bœufs à l'engrais, de vaches grasses et de chevaux reluisants de santé. Il entra dans sa chambre, et jeta les yeux sur le coffre-fort dans lequel il enfermait son argent. Mais, comme il était absorbé dans la contemplation de ses richesses, il crut entendre une voix secrète qui lui disait : « Avec tout cet or, as-tu rendu heureux ceux qui t'entouraient? as-tu songé à la misère des pauvres? as-tu partagé ton pain avec ceux qui avaient faim? T'es-tu contenté de ce que tu possédais, et n'en as-tu jamais envié davantage? »

Son cœur n'hésita pas à répondre : « J'ai toujours été dur et inexorable; je n'ai jamais rien fait pour mes parents ni pour mes amis. Je n'ai jamais songé à Dieu, mais uniquement à augmenter mes richesses. J'aurais possédé le monde entier, que je n'en aurais pas encore eu assez. »

Cette pensée l'effraya, et les genoux lui tremblaient si fort qu'il fut contraint de s'asseoir. En même temps on frappa à la porte. C'était un de ses voisins, un pauvre homme, chargé d'enfants qu'il ne pouvait plus nourrir. « Je sais bien, pensait-il, que mon voisin est encore plus dur qu'il n'est riche ; sans doute il me repoussera, mais mes enfants me demandent du pain, je vais essayer. »

Il dit au riche : « Vous n'aimez pas à donner, je ne l'ignore pas ; mais je m'adresse à vous en désespoir de cause, comme un homme qui va se noyer saisit toutes les branches : mes enfants ont faim, prêtez-moi quatre boisseaux de blé. »

Un rayon de pitié fondit pour la première fois les glaces de ce cœur avare : « Je né t'en prêterai pas quatre boisseaux, répondit-il, je t'en donnerai huit, mais à une condition....

— Laquelle ? demanda le pauvre.

— C'est que tu passeras les trois premières nuits après ma mort à veiller sur ma tombe. »

La commission ne souriait guère au pauvre homme ; mais, dans le besoin où il était, il aurait consenti à tout. Il promit donc, et emporta le blé chez lui.

Il semblait que le fermier eût prévu l'avenir ; car trois jours après il mourut subitement, et personne ne le regretta. Quand il fut enterré, le pauvre homme se souvint de sa promesse ; il aurait bien voulu s'en dispenser, mais il se dit : « Cet homme a été généreux envers moi, il a nourri mes enfants de son pain ; d'ailleurs j'ai donné ma parole et je dois la tenir. » A la chute du jour, il alla dans le cimetière et s'établit sur la tombe. Tout était tranquille ; la lune éclairait les tombeaux, et de temps à autre un hibou s'envolait en poussant des cris funèbres. Au lever du soleil, il rentra chez lui sans avoir couru aucun danger, et la seconde nuit se passa de même.

Le soir du troisième jour, il sentit une secrète appréhension, comme s'il allait se passer quelque chose de plus. En entrant dans le cimetière, il aperçut, le long du mur, un homme d'une quarantaine d'années, au visage balafré et aux yeux vifs et perçants, enveloppé dans un vieux manteau, sous lequel on voyait passer seulement de grandes bottes de cavalier. « Que cherchez-vous ici ? lui cria le paysan ; n'avez-vous pas peur dans ce cimetière ?

— Je ne cherche rien, répondit l'autre ; mais de quoi aurais-je peur ? Je suis un pauvre soldat congédié, et je vais passer la nuit ici, parce que je n'ai pas d'autre gîte.

— Eh bien! dit le paysan, puisque vous n'avez pas peur, venez m'aider à garder cette tombe.

— Volontiers, répondit le soldat; monter la garde, c'est mon métier. Restons ensemble, nous partagerons le bien comme le mal qui se présentera. »

Ils s'assirent tous deux sur le tombeau.

Tout resta tranquille jusqu'à minuit. A ce moment, on entendit dans l'air un coup de sifflet aigu, et les deux gardiens virent devant eux le diable en personne. « Hors d'ici, canailles, leur cria-t-il; ce mort m'appartient, je vais le prendre, et, si vous ne décampez au plus vite, je vous tords le cou.

— Seigneur à la plume rouge, lui répondit le soldat, vous n'êtes pas mon capitaine; je n'ai pas d'ordres à recevoir de vous, et vous ne me ferez pas peur. Passez votre chemin, nous restons ici. »

Le diable pensa qu'avec de l'argent il viendrait à bout de ces deux misérables, et, prenant un ton plus doux, il leur demanda tout familièrement si, moyennant une bourse pleine d'or, ils ne consentiraient pas à s'éloigner. « A la bonne heure, reprit le soldat, voilà qui est parler; mais une bourse d'or ne nous suffit pas; nous ne quitterons la place que si vous nous en donnez de quoi remplir une de mes bottes.

— Je n'ai pas sur moi ce qu'il faut, dit le diable; mais je vais en aller chercher. Dans la ville ici près demeure un usurier de mes amis qui m'avancera volontiers la somme. »

Quand le diable fut parti, le soldat tira sa botte gauche en disant : « Nous allons lui jouer un tour de vieille guerre. Compère, donnez-moi votre couteau. » Il coupa la semelle de la botte et posa la tige toute dressée dans les hautes herbes, contre une tombe voisine. « Tout va bien, dit-il; maintenant le noir ramoneur peut revenir. »

Ils n'attendirent pas longtemps : le diable arriva avec un petit sac d'or à la main. « Versez, dit le soldat en haussant un peu la botte; mais ce ne sera pas assez. »

Le malin vida le sac; mais l'or tomba par terre et la botte resta vide. « Imbécile, lui cria le soldat, cela ne suffit pas, je te l'avais bien dit. Retourne en chercher et rapportes-en davantage. »

Le diable partit en secouant la tête, et revint au bout d'une heure avec un bien plus gros sac sous le bras. « Voilà qui vaut mieux, dit le soldat; mais je doute que cela remplisse encore la botte. »

L'or tomba en résonnant, mais la botte resta vide. Le diable s'en assura lui-même en y regardant avec des yeux ardents. « Quels effrontés mollets as-tu donc? s'écria-t-il en faisant la grimace.

— Voudrais-tu, répliqua le soldat, me voir un pied de bouc comme le tien? Depuis quand es-tu devenu avare? Allons, va chercher d'autres sacs, ou sinon, pas d'affaire entre nous. »

Le maudit s'éloigna encore. Cette fois il resta plus longtemps absent, et, quand il revint à la fin, il pliait sous le poids d'un sac énorme qu'il portait sur son épaule. Il eut beau le vider dans la botte, elle se remplit moins que jamais. La colère le prit, et il allait arracher la botte des mains du soldat, quand le premier rayon du soleil levant vint éclairer le ciel. A l'instant même il disparut en poussant un grand cri. La pauvre âme était sauvée.

Le paysan voulait partager l'argent ; mais le soldat lui dit : « Donne ma part aux pauvres. Je vais aller chez toi, et avec le reste nous vivrons paisiblement ensemble, tant qu'il plaira à Dieu. »

L'OURS ET LE ROITELET.

Un jour l'ours et le loup se promenaient dans le bois. L'ours entendit le chant d'un oiseau. « Frère loup, demanda-t-il, quel est ce beau chanteur ?

— C'est le roi des oiseaux, répondit le loup ; il faut le saluer. »

C'était en effet le roitelet. « S'il en est ainsi, dit l'ours, Sa Majesté doit avoir un palais ; fais-le-moi voir.

— Cela n'est pas si facile que tu penses, répliqua le loup ; il faut attendre que la reine soit rentrée. »

La reine arriva sur ces entrefaites ; elle et le roi

tenaient à leur bec des vermisseaux pour nourrir leurs petits. L'ours les aurait volontiers suivis, mais le loup le retint par la manche en disant : « Non, attendons qu'ils soient ressortis. » Ils remarquèrent seulement l'endroit où se trouvait le nid, et passèrent leur chemin.

Mais l'ours n'avait pas de cesse qu'il n'eût vu le palais du roi des oiseaux; il ne tarda pas à y retourner. Le roi et la reine étaient absents; il risqua un coup d'œil et vit cinq ou six petits couchés dans le nid. « Est-ce là le palais ? s'écria-t-il; c'est un triste palais; et pour vous, vous n'êtes pas des fils de roi, mais d'ignobles petites créatures. »

Les petits roitelets furent très-courroucés en entendant cela, et ils crièrent de leur côté : « Non, ours, nous ne sommes pas ce que tu dis; nos parents sont nobles, tu payeras cher cette injure. » A cette menace, l'ours et le loup, pris de peur, se réfugièrent dans leurs trous.

Mais les petits roitelets continuaient à crier et à faire du bruit; ils dirent à leurs parents qui leur rapportaient à manger : « L'ours est venu nous insulter; nous ne bougerons pas d'ici et nous ne mangerons pas une miette jusqu'à ce que vous ayez rétabli notre réputation.

— Soyez tranquilles, leur dit le roi, votre honneur sera réparé. » Et, volant avec la reine jusqu'au trou de l'ours, il lui cria : « Vieux grognard, pourquoi as-tu insulté mes enfants? Il t'en cuira, car nous allons te faire une guerre à mort. »

La guerre était déclarée ; l'ours appela à son secours l'armée des quadrupèdes, le bœuf, la vache, l'âne, le cerf, le chevreuil et tous leurs pareils. De son côté, le roitelet convoqua tout ce qui vole dans les airs, non-seulement les oiseaux grands et petits, mais encore les insectes ailés, tels que mouches, cousins, abeilles et frelons.

Comme le jour de la bataille approchait, le roitelet envoya des espions pour savoir quel était le général de l'armée ennemie. Le cousin était le plus fin de tous ; il vola dans le bois à l'endroit où l'ennemi se rassemblait, et se cacha sous une feuille d'un arbre auprès duquel on délibérait. L'ours appela le renard et lui dit : « Compère, tu es le plus rusé de tous les animaux ; c'est toi qui seras notre général.

— Volontiers, dit le renard, mais de quel signal conviendrons-nous ? » Personne ne dit mot. « Eh bien ! continua-t-il, j'ai une belle queue longue et touffue comme un panache rouge : tant que je la tiendrai levée en l'air, les choses iront bien et vous marcherez en avant ; mais si je la baisse par terre, ce sera le signal de sauve qui peut. »

Le cousin, qui avait bien écouté, revint raconter tout de point en point au roitelet.

Au lever de l'aurore, les quadrupèdes accoururent sur le champ de bataille en galopant si fort que la terre en tremblait. Le roitelet apparut dans les airs avec son armée qui bourdonnait, criait, volait de tous côtés de façon à donner le vertige ; on s'attaqua avec fureur. Mais le roitelet dépêcha le frelon, avec ordre de se planter sous la queue du renard et de le piquer de toutes ses forces. Au premier coup d'aiguillon, le renard ne put s'empêcher de faire un bond, mais en tenant toujours sa queue en l'air ; au second, il fut contraint de la baisser un instant : mais au troisième il n'y put plus tenir, et il la serra entre ses jambes en poussant des cris perçants. Les quadrupèdes, voyant cela, crurent que tout était perdu, et commencèrent à s'enfuir chacun dans son trou : et ainsi les oiseaux gagnèrent la bataille.

Le roi et la reine volèrent aussitôt à leur nid et s'écrièrent : « Nous sommes vainqueurs, enfants, buvez et mangez joyeusement.

— Non, dirent les enfants, il faut d'abord que l'ours vienne nous faire des excuses et déclarer qu'il reconnaît notre noblesse. »

Le roitelet vola donc au trou de l'ours et lui dit : « Vieux grognard, tu vas venir faire des excuses devant le nid de mes enfants, et leur déclarer que tu reconnais leur noblesse; autrement, gare à tes côtes! » L'ours effrayé arriva en rampant et fit les excuses demandées. Alors enfin les petits roitelets furent apaisés, et ils festinèrent gaiement toute la soirée.

LES MUSICIENS DE LA VILLE DE BRÊME.

Un homme avait un âne qui l'avait servi fidèlement pendant longues années, mais dont les forces étaient à bout, si bien qu'il devenait chaque jour plus impropre au travail. Le maître songeait à le dépouiller de sa peau; mais l'âne, s'apercevant que le vent soufflait du mauvais côté, s'échappa et prit la route de Brême : « Là, se disait-il, je pourrai devenir musicien de la ville. »

Comme il avait marché quelque temps, il rencontra sur le chemin un chien de chasse qui jappait comme un animal fatigué d'une longue course. « Qu'as-tu donc à japper de la sorte, camarade? lui dit-il.

— Ah! répondit le chien, parce que je suis vieux, que je m'affaiblis tous les jours et que je ne peux plus aller à la chasse, mon maître a voulu m'assommer; alors j'ai pris la clef des champs; mais comment ferai-je pour gagner mon pain ?

— Eh bien! dit l'âne, je vais à Brême pour m'y faire musicien de la ville, viens avec moi et fais-toi

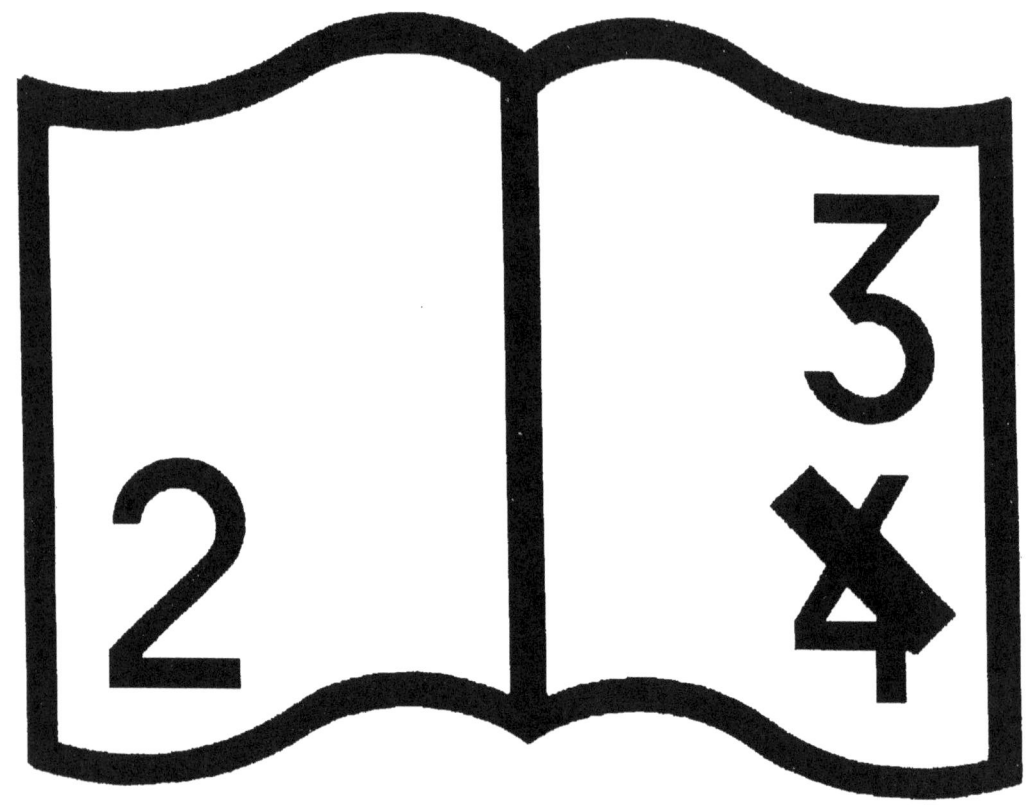

Pagination incorrecte — date incorrecte

NF Z 43-120-12

aussi recevoir dans la musique. Je jouerai du luth, et toi tu sonneras les timbales. »

Le chien accepta, et ils suivirent leur route ensemble. A peu de distance, ils trouvèrent un chat couché sur le chemin et faisant une figure triste comme une pluie de trois jours. « Qu'est-ce donc qui te chagrine, vieux frise-moustache ? lui dit l'âne.

— On n'est pas de bonne humeur quand on craint pour sa tête, répondit le chat : parce que j'avance en âge, que mes dents sont usées et que j'aime mieux rester couché derrière le poêle et filer mon rouet que de courir après les souris, ma maîtresse a voulu me noyer; je me suis sauvé à temps : mais maintenant que faire, et où aller ?

— Viens avec nous à Brême; tu t'entends fort bien à la musique nocturne, tu te feras comme nous musicien de la ville. »

Le chat goûta l'avis et partit avec eux. Nos vagabonds passèrent bientôt devant une cour, sur la porte de laquelle était perché un coq qui criait du haut de sa tête. « Tu nous perces la moelle des os, dit l'âne; qu'as-tu donc à crier de la sorte ?

— J'ai annoncé le beau temps, dit le coq, car c'est aujourd'hui le jour où Notre-Dame a lavé les chemises de l'enfant Jésus et où elle doit les sécher; mais, comme demain dimanche on reçoit ici à dîner, la maîtresse du logis est sans pitié pour de mets et de boisson, et alentour des brigands qui s'en donnent à cœur joie.

— Ce serait bien notre affaire, dit le coq.

— Oui, certes, reprit l'âne ; ah ! si nous étions là ! »

Ils se mirent à rêver sur le moyen à prendre pour chasser les brigands ; enfin ils se montrèrent. L'âne se dressa d'abord en posant ses pieds de devant sur la fenêtre, le chien monta sur le dos de l'âne, le chat grimpa sur le chien, le coq prit son vol et se posa sur la tête du chat. Cela fait, ils commencèrent ensemble leur musique à un signal donné. L'âne se mit à braire, le chien à aboyer, le chat à miauler, le coq à chanter : puis ils se précipitèrent par la fenêtre dans la chambre en enfonçant les carreaux qui volèrent en éclats. Les voleurs, en entendant cet effroyable bruit, se levèrent en sursaut, ne doutant point qu'un revenant n'entrât dans la salle, et se sauvèrent tout épouvantés dans la forêt. Alors les quatre compagnons s'assirent à table, s'arrangèrent de ce qui restait, et mangèrent comme s'ils avaient dû jeûner un mois.

Quand les quatre instrumentistes eurent fini, ils éteignirent les lumières et cherchèrent un gîte pour se reposer, chacun selon sa nature et sa commodité. L'âne se coucha sur le fumier, le chien derrière la porte, le chat dans le foyer près de la cendre chaude, le coq sur une solive ; et, comme ils étaient fatigués de leur longue marche, ils ne tardèrent pas à s'endormir. Après minuit, quand les voleurs aperçurent de loin qu'il n'y avait plus de clarté dans leur maison et que tout y paraissait tranquille, le capitaine dit: « Nous n'aurions pas dû pourtant nous laisser ainsi mettre en déroute; » et il ordonna à un de ses gens d'aller reconnaître ce qui se passait dans la maison. Celui qu'il envoyait trouva tout en repos; il entra dans la cuisine et voulut allumer de la lumière; il prit donc une allumette, et comme les yeux brillants et enflammés du chat lui paraissaient deux charbons ardents, il en approcha l'allumette pour qu'elle prît feu. Mais le chat n'entendait pas raillerie; il lui sauta au visage et l'égratigna en jurant. Saisi d'une horrible peur, l'homme courut vers la porte pour s'enfuir; mais le chien, qui était couché tout auprès, s'élança sur lui et le mordit à la jambe; comme il passait dans la cour à côté du fumier, l'âne lui détacha une ruade violente avec ses pieds de derrière, tandis que le coq, réveillé par le bruit et déjà tout alerte, criait du haut de sa solive : *Kikeriki!*

Le voleur courut à toutes jambes vers son capitaine, et dit: « Il y a dans notre maison une affreuse sorcière qui a soufflé sur moi et m'a égratigné la figure avec ses longs doigts; devant la porte est un homme armé d'un couteau, dont il m'a piqué la jambe; dans la cour se tient un monstre noir, qui m'a assommé d'un coup de massue, et au haut du toit est posé le juge qui criait : « Amenez devant « moi ce pendard. » Aussi me suis-je mis en devoir de m'esquiver. »

Depuis lors, les brigands n'osèrent plus s'aventurer dans la maison, et les quatre musiciens de Brême s'y trouvèrent si bien, qu'ils n'en voulurent plus sortir.

www.ingramcontent.com/pod-product-compliance
Lightning Source LLC
Chambersburg PA
CBHW071504160426
43196CB00010B/1421